中国脱贫攻坚
县域故事丛书

County-level Story Series on
Poverty Alleviation in China

中国脱贫攻坚
光山故事

全国扶贫宣传教育中心 组织编写

人民出版社

前言　中国脱贫的光山智慧

中国扶贫为什么？光山脱贫有什么？

大别山巍巍，淮河水悠悠。仿佛在询问，仿佛在诉说。光山，一个充满智慧的地方。

这个地方，在1000年前诞生过一个名叫"光"的孩子，他幼年以石击瓮智救儿童名扬天下，成年后编纂资治通鉴名垂古今。

这个地方，200年前出过两代帝师；近代涌现了100多名共和国将领；改革开放40多年，有200多名学子考入清华北大，是名校才子的摇篮。

这个地方，就是光山。历史俯视天地，眷顾着这片沃土，从花山寨红二十五军长征决策的灯光里、从王大湾庄严的会场里、从邓大姐凝视的目光里，

我们仿佛看到了大别山28年红旗不倒，数万将士血染这片大地。

还是这个地方，因为地处偏僻、产业薄弱、投入较少、思想守旧等原因，一段时间里，贫困束缚住了她前进的脚步，贫穷阻挡了老区群众对幸福的追求。2014年底，全县建档立卡贫困户有100255人，贫困发生率为12.5%。但她没有气馁、没有放弃，在脱贫攻坚冲锋号吹响之后，坚持发扬老区人民"宁愿苦干、不愿苦熬"的奋斗精神，发扬光山人民"特别能吃苦、特别能战斗"的拼搏精神，积极探

索适合自己的脱贫新路子。通过全面学习理解习近平总书记"精准扶贫"思想，结合光山实际，光山县委县政府在五年的攻坚实践走出了产业发展之路、自主脱贫之路、党建引领之路，再一次以她独特的智慧，挺直了脊梁，以漏评率、错退率为零，贫困人口综合发生率降为1.07%，106个建档立卡贫困村全部退出的成效，吸引了中国的眼球、世界的目光。

"我们是高质量的脱贫！"2019年5月9日，在河南省脱贫攻坚新闻发布会上，光山县委书记刘勇代表全省33个脱贫县发言掷地有声。从此，光山从大别山区北麓的贫困县，华丽转身为全国脱贫攻坚征程中众多埋头苦干、砥砺前行的优秀缩影。成为"习近平总书记精准脱贫思想和党中央脱贫决策部署的生动实践，是全国脱贫攻坚工作取得历史性成就的一个生动缩影"。站在时代前沿，敢领风气之先。2019年，光山县政法机关执法群众满意度由2015年的河南省第155位，跃居第9位；信访工作综合考核由2015年的河南省挂牌督办县，转变为全省县区第一。

时间仿佛定格在2019年9月17日，中共中央总书记习近平踏上这片土地。"路子找到了，就要大胆去做"，"脱贫了，乡亲们的日子还要像芝麻开花节节高"。

这既是深深的欣慰，更是殷殷的嘱托。

新中国成立70年，减贫成果有多辉煌，扶贫过程就有多艰辛。

2012年，中国还有9000多万贫困人口，这是共产党员"初心"之痛。

"我一直惦记着贫困地区的乡亲们，乡亲们一天不脱贫，我就一天放不下心来。"

"到2020年我国现行标准下农村贫困人口实现脱贫，是我们的庄严承诺。一诺千金。"这份承诺铿锵有力。

光山，正是用她的智慧，交上了一份高质量的时代答卷，为中国脱贫攻坚贡献了"光山方案"。

此卷"图说中国脱贫县系列"《光山故事》，就是讲述光山县人民通过脚踏实地、埋头苦干，把一穷二白的国家级贫困县建设成为一个顺风顺水顺民心、党风政风民风风气正的凤凰涅槃的故事。透过这些窥斑见豹的光山智慧故事，告诉大家、告诉世界，在短短 4 年里，光山人民如何用自己勤劳奋斗的双手，实现近 10 万贫困人口脱贫！本书用一幅幅生动的图片和精彩的故事，讲述光山的脱贫之路、致富之路、小康之路，讲述光山智慧、光山力量、光山精彩。

目 录
CONTENTS

序 章

总书记光山行

2019 年 9 月 16—17 日，这是一个永远载入史册的时间。中共中央总书记习近平在河南省考察调研，先后来到信阳市新县、光山县。在中华人民共和国成立 70 周年之际，在河南刚刚宣布 33 个县脱贫摘帽之际，习近平总书记来到这片红色土地。在这片热土上，习总书记关注了什么？肯定了什么？嘱托了什么？……所有这些都值得我们温故、深思和领悟。

第一节 总书记光山行

"光山县今年退出了贫困县序列，贫困帽子摘了，攻坚精神不能放松。追求美好生活，是永恒的主题，是永远的进行时。"

——2019 年 9 月 17 日，习近平总书记在光山县文殊乡东岳村考察脱贫攻坚工作成效和中共中央办公厅在光山县扶贫工作情况时的讲话

这是幸福的时刻、难忘的日子——2019 年 9 月 17 日上午，天空飘着毛毛细雨，光山大地一派深秋景象，油茶园绿意更浓，人们沉浸在丰收的喜悦之中。正在槐店乡司马光油茶园劳作的村民忽然听到有人喊"习主席"，大家不约而同地惊喜起来。谁也不会想到，平时在电视上看到的习近平总书记，这会儿就在眼前。

总书记微笑着走到村民中间，亲切地询问他们的家庭、务工和收

美丽的油茶园

入情况。大家激动地告诉总书记，近年来，通过发展油茶种植加工产业，贫困户摆脱了贫困，村民们过上了好日子，现在的生活天天像过年，感谢党的精准扶贫好政策。习近平高兴地说，利用荒山推广油茶种植，既促进了群众就近就业，带动了群众脱贫致富，又改善了生态环境，一举多得。大家一边鼓掌、一边连声喊"好、好、好"。

当天，总书记察看的河南联兴油茶有限公司基地，是司马光油茶园的景点之一。在短短的 28 分钟时间里，总书记不仅实地察看了油茶树种植和挂果情况，而且在油茶园展厅仔细了解光山县发展油茶产业、推动脱贫攻坚整体情况。总书记叮嘱在场的基层党员干部，要把农民组织起来，面向市场，推广"公司＋农户"模式，建立利益联动机制，让各方共同受益。要坚持走绿色发展的路子，推广新技术，

茶溪谷司马光油茶园

发展深加工，把油茶业做优做大，努力实现经济发展、农民增收、生态良好。

随后，习近平乘车沿着山间公路前往文殊乡东岳村，公路两旁的绿水青山像一幅流动的画卷徐徐展开。在车上，光山县委书记刘勇用智慧之乡、生态之乡、大义之乡等向总书记汇报光山内涵。当听到信阳市现有 128 位百岁老人而光山就占 29 人，并且全县 99 岁以上第二梯队达 2395 人时，坐在前排的习总书记称赞："生态好！"恰在此时，山间一幅"绿水青山就是金山银山"的白底红字标语映入众人眼帘。

在东岳村文化中心广场，等候在那里的群众看见总书记走出车门，顿时响起了热烈的掌声和欢呼声，总书记亲切地与群众握手。人群中，刚 3 岁的杨子乐被家人抱在怀里，总书记用手抚摸着小朋友粉

东岳村

嫩的小脸，小朋友也禁不住开心地笑了起来。74岁的刘义华身着喜庆的红色上衣，满头银发、笑容满面，当总书记微笑着走到她跟前，老人一边说"主席好"，一边竖起大拇指，赢得一片热烈的掌声。

光山县位于大别山集中连片特困地区，是中共中央办公厅定点扶贫县，2019年5月顺利退出贫困县序列。东岳村原有建档立卡贫困户145户585人，脱贫攻坚战打响以来，在各方共同努力下，东岳村成为该县106个整村脱贫村之一。总书记仔细了解光山县脱贫工作和中共中央办公厅在光山县扶贫工作情况。该村支书杨长家如数家珍地向总书记汇报，这些年大力推进多彩田园产业扶贫，成立了村电商服务中心，把村里的农副产品销往全国各地；非物质文化遗产光山花鼓戏登上中国曲艺邮票，走向世界。

光山县委书记刘勇向习总书记一一介绍具有浓郁地方特色的糍粑、月饼、咸麻鸭蛋、黑猪腊肉、红薯粉条、甜米酒等"光山十宝"农副产品和光山羽绒服等。总书记详细询问产品的市场销路和带动村民脱贫作用。他强调，要积极发展农村电子商务和快递业务，拓宽农产品销售渠道，增加农民收入。要注意节约环保，杜绝过度包装，避免浪费和污染环境。

光山花鼓戏是国家级非物质文化遗产代表性项目。两名花鼓戏演员给总书记现场表演了一段新编花鼓戏。戏词中写道："新中国成立七十年／咱百姓心里好喜欢／党中央号召来扶贫／中共中央办公厅来到光山县／干部群众齐努力／撸起袖子加油干／精准扶贫像绣花／贫困乡村换新颜……"

在东岳村，习近平接见了中共中央办公厅派驻光山县挂职扶贫的干部。并同脱贫致富带头人亲切交流，杨长太开办农场、向正梅流转土地、李开齐种植茶叶、常玲养小龙虾……一个个生动的脱贫攻坚故事，总书记听得十分专注。

习近平表示，光山县今年退出了贫困县序列，贫困帽子摘了，攻坚精神不能放松。追求美好生活，是永恒的主题，是永远的进行时。脱贫攻坚既要扶智也要扶志，既要输血更要造血，建立造血机制，增强致富内生动力，防止返贫。要发扬自力更生、自强不息的精神，不仅要脱贫，而且要致富，继续在致富路上奔跑，走向更加富裕的美好生活。脱贫攻坚是一项深得人民拥护的民心工程。党的政策再好，也要靠大家去落实。要把基层党组织建设成为坚强战斗堡垒，把党中央提出的重大任务转化为基层的具体工作，抓牢、抓实、抓出成效。

珍贵的时光过得总是那么快，中午11时30分许，习近平总书记与光山干部群众挥手告别，人们依依不舍地目送习总书记。总书记的关怀永远温暖光山人民，鼓舞着光山人民在决胜小康的百年愿景中乘胜前进。

东岳村多彩田园

第二节　光山脱贫了

　　2019年5月9日上午9时，一个振奋人心的消息传来："光山脱贫啦！"

　　在河南省人民政府新闻办公室召开新闻发布会上，新闻发言人正式宣布，河南省栾川等33个县成功实现脱贫摘帽，光山县位列其中，县委书记刘勇在发布会上介绍了光山县脱贫攻坚及摘帽退出情况。

　　2019年2月下旬至4月上旬，河南省脱贫攻坚领导小组组织第三方评估机构对栾川县等33个县脱贫摘帽情况开展了专项评估检查。

光山县同河南省其他 33 个县一道脱贫摘帽

4 月 24 日，河南省脱贫攻坚领导小组召开会议审议了评估检查结果，认为 33 个县均符合贫困县退出的条件，并于 4 月 24 日向社会公示，4 月 30 日公示期结束。

发布会上，河南省扶贫开发办公室主任史秉锐致发布词，光山县委书记刘勇介绍光山县脱贫摘帽退出贫困县的有关情况。

刘勇介绍说，光山是大别山革命老区县，革命战争年代老区人民以 28 年红旗不倒的坚韧和执着，为中国革命胜利作出了重要贡献。新中国成立以后，党中央一直十分关心老区建设，尤其是脱贫攻坚战打响以来，中央及河南省、信阳市持续加大了对老区人民的帮扶力度。

请看看光山的脱贫成绩单吧：

截至 2019 年底，全县共有建档立卡贫困人口 25863 户、100255 人，已脱贫近 2.4 万户、9.5 万余人，贫困发生率将至 0.6%，农村居民人均可支配收入达 1.36 万元，增幅达 9.7％，高于全省 8.9％的平均水平。

2019 年 2 月 20 日至 25 日，经河南省贫困县退出专项评估核查，光山县脱贫退出漏评率、错退率为零，全县贫困人口综合发生率为 1.07％。2019 年 7 月初，在国务院对中西部 22 个省份脱贫县的抽查检查中，光山县脱贫成效显著。

高质量脱贫带动高质量发展。2019 年，光山县地区生产总值增长 6.4％，规模以上工业企业增加值增长 9.3％，社会消费品零售总额增长 10.0％，一般公共预算收入增长 8.2％，居民人均可支配收入同比增长 9.2％。在脱贫攻坚引领下，全县经济社会持续健康发展、社会大局和谐稳定，公众安全感指数位居信阳全市第一、全省前列，创造了脱贫攻坚的"光山样板"。

第1章

光山向往

——雄关漫道真如铁

要思考我们这个地方穷在哪里？为什么穷？有哪些优势？哪些自力更生可以完成？哪些需要依靠上面帮助和支持才能完成？要搞好规划，扬长避短，不要眉毛胡子一把抓。

——2012年12月29日至30日，习近平在河北省阜平县考察扶贫开发工作时的讲话

消除贫困，改善民生，实现共同富裕，是社会主义的本质要求，是我们党的重要使命。

顺应人民群众过上更加美好生活的新期盼，必须把脱贫攻坚作为最大的民生工程。贫困问题是最重要的民生问题，脱贫攻坚是最紧迫的民生任务。光山县是贫困人口相对集中的革命老区，住房难、行路难、上学难、就医难、增收难等问题突出，因病、因残、因灾致贫返贫现象普遍，贫困群众脱贫致富的愿望十分强烈。

2012年，在北京打工遭遇车祸的杨长太迫不得已回到了老家——信阳市光山县东岳村，打算在村里发展。但是谈何容易，一缺技术二没资金，再加上村子交通闭塞，没有一条像样的硬化道路通往外界，杨长太创业失败了，多年的积蓄赔了个精光，最难的时候，连买盐的钱都需要借。今后的路该怎样走，这不仅是杨长太需要思考的问题，更是光山县86万人民迫切需要解决的问题。

第一节　大山的呼唤

光山历史悠久。周为弦子封国，故称"弦"。春秋属楚；秦代辖于九江郡；王莽时废国立县，境内设光城、茹由、东安三县；隋文帝开皇十八年（公元589年）更名光城为光山，始为光山县。此后一直是豫南军事、政治、经济和文化重地，光山有文字可考的历史达

4000 余年。

光山县位于河南省南部，北临淮河水，南依大别山，为鄂豫皖三省交界地带，地处亚热带向暖温带过渡地区，属亚热带季风型湿润、半湿润气候。因为它独特的地理位置，北纬 32°00′0″，东经 114°54′0″，正处于河南省东南、湖北省的最北部、安徽省的西部，既有江南的美景，又有北国的物饶。光山县总面积 1835 平方公里，人口 86 万，其中农村人口 69.7 万，下辖 10 乡、7 镇、2 个街道办事处，3 个管理区，360 个村（社区）。光山县是国家著名的苏区县和扶贫开发工作重点县，是北宋政治家、文学家、史学家司马光的出生地，也是第六届全国政协主席邓颖超的故乡。

司马光故居

这里，曾点燃大别山革命的火种；

这里，曾是孕育将军的摇篮；

这里，曾写下中国革命史的壮丽诗篇。

光山，这块革命鲜血浸润的土地，是大别山革命根据地，是红二十五军长征决策地，也是"千里跃进大别山"时刘邓首长和中原党政军机关的主要驻地，更是解放战争由战略防御向战略反攻的转折地，著名的"王大湾会议"就在这里一个名叫砖桥的小镇召开。在这里，留下了刘伯承、邓小平、许继慎、李先念等老一辈革命家和军事

王大湾会议旧址

家的战斗足迹，走出了尤太忠、万海峰等数十位开国将领。境内文物和革命纪念地 535 处。

在光山县城司马光中路白云巷内，坐落着一座颇具清代建筑风格的小院。院内幽静，门窗古朴典雅，影壁上镌刻的"我愿意倾听人民和妇女大众的意见，好使我知道怎样为人民和妇女的利益去奋斗"语句，让人不禁想起一位伟大的女性——邓颖超，这座小院即邓颖超的祖居。

新中国的诞生，谱写了光山历史上新的一页。正当各项事业蒸蒸日上的时候，战争的创伤，连年的自然灾害，挡住了光山人民发展的脚步。尽管历届党委、政府和人民群众奋斗一年又一年，"穷困"这个沉重的锁链一直牢牢束缚住光山人民发展的脚步。1985 年，全县总人口 65.7 万，年人均收入不足 150 元的贫困人口 63750 户、31.8 万人，贫困人口接近全县总人口的 50%，光山县被国务院确定为国家级贫困县。

你无法想象，直到 2014 年，光山县还有贫困村 106 个，贫困

邓颖超祖居

昔日危房

户 28915 户、95696 人，农村人口贫困发生率达 12.5%。全县人均 GDP 为 12393 元，占全国人均 GDP 的 26.6%；农民人均纯收入为全国农村人口平均水平的 80%；在 2012 年的河南县域经济发展排名中，光山位列全省 108 个县（市）第 83。

2014 年，光山县行政村通公路占比 59%，村民组通公路占比 18%。行政村通公路比例小、标准低、断头路多，一遇阴雨天就出行困难，农产品无法外运，严重影响了光山农村经济的发展。同时，由于水利工程布局不合理、不配套，设施陈旧，年久失修，其功能发挥

美丽的易地搬迁点

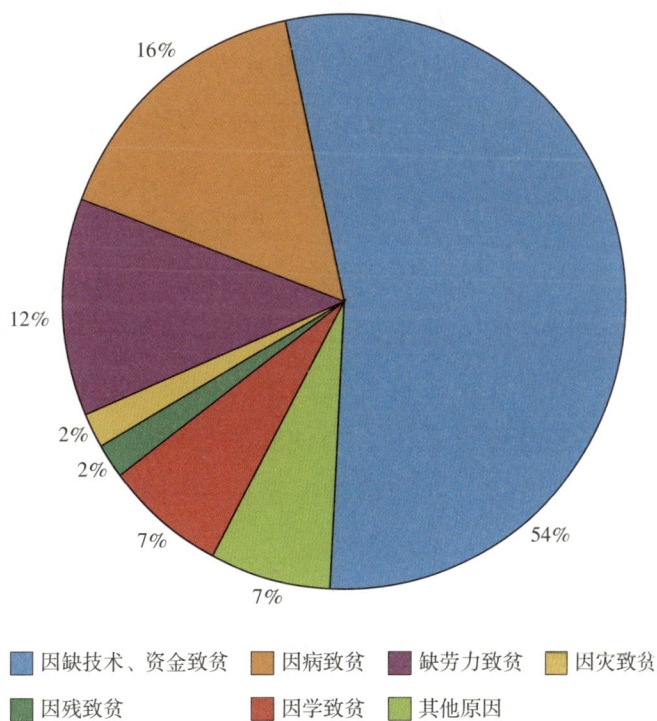

16%

12%

2%

2%

7%

7%

54%

因缺技术、资金致贫　　　因病致贫　　　缺劳力致贫　　　因灾致贫

因残致贫　　　因学致贫　　　其他原因

致贫原因饼状图

逐年衰减，全县有近 1/3 耕地仍然靠天收获。

第二节　深情的关怀

　　1983 年底，时任河南省委副书记、省长何竹康来信阳地区调研，看到 90% 的农户是"茅草房土坯墙、泥巴凳子泥巴床，除了泥巴没家当"的景象，有 41% 的农户处于温饱线以下，当时何书记就流下了痛心的眼泪。他说，"老苏区在革命战争年代作出的牺牲最大，目前在生产和生活方面的困难也最大"。随后，他立即向河南省委提交了《关于信阳老苏区经济和社会发展情况的调查报告》，反映了信阳的贫困状况。1984 年 2 月 12 日，河南省委、省政府批转了何竹康的报告，号召全省人民支援苏区建设。

　　老苏区的贫困情况不仅引起了当地党委、政府重视，更牵动了党中央的心。中央决定先打赢一场局部战争，为夺取全面胜利提供样本和参考。

　　来了，科研单位的专家、教授、工程师来了。国家科委和河南省科委、河南省扶贫开发办组织农科院、科学院、河南农大、郑州工学院、河南省水产研究所、河南轻工设计院等大专院校和科研单位派来了科技人员，帮助开拓科技开发门路。1988 年，河南农业大学畜牧系副教授王立之已年近花甲，当他获悉校党委将选派科技人员赴大别山支援苏区建设时，立即精神振奋，一拍桌子："我去，一定让我去！"

　　来了，中共中央办公厅的扶贫干部来了。2015 年 11 月，中共中央办公厅定点扶贫工作组的同志来到文殊乡东岳村、晏河乡付店村调研时，看到村民组道路泥泞不堪，村民的土坯住房年久失修，心情十分沉重。他们说，我们一定要利用好党的脱贫攻坚政策，让群众走上

县政府为贫困群众发放救济物资

水泥路、住上安全住房、喝上放心水。在晏河乡付店村敬老院，看到敬老院设施简陋，五保老人们在寒风中穿着单薄的衣服，他们潸然泪下，立即将身上仅有的 3000 元钱全部捐给老人们，并叮嘱在场的乡村干部，一定要让老人们吃得饱、穿得暖，安全过冬。

花白的头发挂着雨丝，鞋上裤子上黄泥点点，要不是一口地道的普通话，很容易把他当成一名当地干部。"别叫我主任，也别叫县长。"中央办公厅定点帮扶光山县挂职干部党孝民说："我就是一名普通的扶贫干部。"对于扶贫干部来说，吃苦就是常态。2015 年至 2019 年 11 月，中共中央办公厅先后派出 4 批 12 名挂职干部到光山脱贫攻坚的第一线。中央办公厅 149 个党支部对接帮扶光山县 74 个村党支部（含 2 个非贫困村），为光山县高质量脱贫提供了坚强的政治保障和组织协调保障。

来了，河南省市扶贫干部来了。河南省科技厅、河南省环保厅、

中共中央办公厅第一批挂职干部党孝民调研走访贫困群众

中原出版传媒集团派驻东岳村第一书记贾巍为顾客介绍四方景家庭农场的产品

中原出版传媒集团，信阳市委办、信阳市人社局、信阳市农业局……纷纷派驻优秀干部担任第一书记，助力光山脱贫攻坚。

光山人民明白，上下左右的关心，四面八方的支援，都是党中央英明决策，都是呼应习总书记伟大号召，但决不能等靠要！

第三节　幸福的渴望

从 1987 年到 21 世纪初期，光山县将扶贫的主要精力重点放在打基础上。主要是围绕资源优势，狠抓粮油、棉麻、水产、茶叶、桑蚕等基地建设，大力发展支柱产业。1989 年，光山麻鸭生产作为光山的特色传统产业，县委、县政府高度重视，建立了 3000 套的光山麻鸭原种场，布局了以杨墩、槐店、北向店等乡为中心的 200 万只麻鸭养殖基地。2003 年 12 月，光山麻鸭、光山麻鸭蛋顺利通过国家质检总局的原产地标记注册认定，全县麻鸭产业总产值达 2 亿多元，成为农民增收的一条重要途径。

2011 年 12 月 26 日，罗陈乡张楼村正举行一场意义特殊的群众代表会。扶贫开发彩票公益金项目落地张楼村，根据彩票公益金项目要求，项目资金干什么、怎么干由村民自己说了算，召开代表大会时村民代表个个喜笑颜开，纷纷感慨道："真没想到扶贫项目能让我们自己说了算，这么公开，这

光山麻鸭

么透明，我们一定要行使好这个权利。"

进入 21 世纪，特别是 2013 年，中共中央办公厅、国务院办公厅印发《关于创新机制扎实推进农村扶贫开发工作的意见》（中共中央办公厅发〔2013〕25 号），在坚定"两不愁、三保障"等目标的基础上，更加突出扶贫体制机制的创新，更加突出精准扶贫、精准脱贫，并在全国范围全面推进贫困识别和建档立卡工作。也就是这一年，东岳村回乡创业失败，还赔了一屁股债的杨长太被评为了建档立卡贫困户。

2016 年 5 月 20 日，光山火车站恢复营运绝对是轰动 86 万民众的大喜事。从 2005 年到 2015 年，光山火车站已整整停运了 10 年。废弃多年、荒草丛生的光山火车站，2000 年以后出生的一代已鲜有耳闻了。但在这 10 年间，民间呼声从来没有间断过。"要想富，先修路。事关脱贫攻坚大局，光山火车站客运业务必须开通！"新一届光山县委掷地有声。

光山火车站开通客运仪式

经过多方奔走，终于将"老区人民的期盼"变为了现实。这件事让光山百姓对这一届县委政府有了新认识，群众纷纷竖起大拇指"县委、县政府有能耐，跟着干有奔头"！

向贫困村派驻第一书记的惯例是从 2010 年开始形成的，精扶扶贫建档立卡是 2014 年 5 月份开始实施的，但都没有明确的政策界定和操作细则。贫困户识别混乱、数据偏差、致贫原因不明、产业发展思路不清、干群关系紧张……

很快，中央、河南省、信阳市意识到问题的关键所在，迅速作出调整，光山县委、县政府第一时间积极响应，吹响了脱贫攻坚战冲锋号：2015 年 11 月 30 日，光山县委召开全委会议，并扩大到村支部书记，就光山县脱贫攻坚进行战前总动员。

光山县委书记任组长、县长任常务副组长、相关单位主要负责人和乡镇党委书记、乡镇长为成员的光山县脱贫攻坚领导小组成立到位。

以光山县委常委、政府分管领导为组长的定点扶贫、行业扶贫、专项扶贫、社会扶贫、贫困人口监测、宣传、综合 8 个专项扶贫工作组开始运转。

河南省省直单位选派的 3 名第一书记、信阳市市直单位选派的 14 名第一书记和 2 名工作队长、光山县 88 个县直单位选派的 115 名第一书记，已经全部点将入列；全县贫困村实现干部驻村全覆盖；数千名帮扶责任人与帮扶贫困户结成对子……

2016 年 3 月 16 日，光山县脱贫攻坚指挥部发出了《光山县脱贫攻坚一号令》，在九项要求中，第一项就是把脱贫攻坚作为全县头等大事和第一民生工程，并对建立台账、结对帮扶、拓宽脱贫渠道、政策兜底、强化责任等作出明确规定。

光山县脱贫攻坚驻村工作队长培训班培训现场

光山县文殊乡方洼村第一书记和村"两委"班子正在谋划村集体经济发展

第四节 奋斗的航向

历史的巨轮驶入 2015 年时，光山人看到了指引航向的灯塔。

2015 年 11 月 23 日，中共中央政治局召开会议，审议通过《关于打赢脱贫攻坚战的决定》；2015 年 11 月 27—28 日，中央扶贫开发工作会议在北京召开。中共中央总书记、国家主席、中央军委主席习近平强调，消除贫困、改善民生、逐步实现共同富裕，是社会主义的本质要求，是中国共产党的重要使命。全面建成小康社会，是中国共产党对中国人民的庄严承诺。至此，人类历史上最大规模的消贫战争正式在华夏大地打响。

自 2016 年 3 月底光山县脱贫攻坚指挥部成立始，来自全县扶贫干部的电话就没断过：贫困户识别标准是什么、流程合不合规定、档卡上的收入怎么填、人均纯收入怎么计算……

2016 年 6 月 12 日，中共河南省委办公厅、省人民政府办公厅联合下达了关于印发《河南省转移就业脱贫实施方案》等 5 个方案的通知（简称《五个方案》）和《河南省扶贫对象精准识

中国共产党光山县委员会

光文〔2016〕18 号

★

中共光山县委 光山县人民政府
关于成立光山县脱贫攻坚指挥部的通知

各乡镇党委和人民政府，各街道办事处，县管各管理区、产业集聚区，商务中心区，县委各部委，县直机关各单位，各重点企业：

根据工作需要，县委、县政府决定，成立光山县脱贫攻坚指挥部。现将组成人员名单通知如下：

政　　委：刘　勇
指 挥 长：王建平
常务副指挥长：张　峰
副 指 挥 长：樊太明　杨春来　陈世玉　刘敬洲

—1—

闻令而动：光山县脱贫攻坚指挥部成立

别及管理办法》等 5 个办法的通知（简称《五个办法》）。有了《五个办法》和《五个方案》作依据，光山县脱贫攻坚指挥部运转自如，指挥精确。

"房间屋后一亩茶，一塘肥鱼一群鸭"

2016 年 2 月 21 日，时任中共中央政治局委员、中央书记处书记、中央办公厅主任栗战书风尘仆仆地来到光山县考察调研，他深入乡村看望群众，调查询问情况。在肯定光山县脱贫成效的同时，要求光山县做更细致、更艰苦的工作，并结合实际，提出了"房间屋后一亩茶，一塘肥鱼一群鸭"因地制宜发展产业的扶贫思路，给光山县扶贫工作指明了努力方向。

2018 年 4 月 5 日至 6 日，中共中央政治局委员、中央书记处书记、中央办公厅主任丁薛祥莅临光山考察调研，用"两个生动"（习近平

中办挂职扶贫干部和基层群众在田间地头话脱贫

总书记精准扶贫思想和党中央脱贫决策部署的生动实践，也是全国脱贫攻坚工作取得历史性成就的一个生动的缩影）充分肯定了光山脱贫攻坚工作。同时提出了进一步增强打赢脱贫攻坚战的责任感和使命感、进一步完善打赢脱贫攻坚战的思路举措、进一步提升打赢脱贫攻坚战的实效、进一步锤炼打赢脱贫攻坚战的严实作风"四个进一步"指导意见。

"四看三担"精神

2018 年 3 月 27 日至 28 日，河南省委书记王国生到信阳市调研，走进光山县、新县，察民情、看产业，与干部群众共话基层党建、推进脱贫攻坚。王国生走进光山县诚信林茶合作社茶园、文殊乡方洼村香菇大棚，了解产业扶贫情况。在与中共中央办公厅挂职扶贫干部王歆博谈驻村感受时说，在这里真切体会到"脚上沾有多少泥土，心中就有多少真情"，看到老区群众自力更生的拼劲和闯劲，看到干部作风在转变，很受教育、增强了信心。在方洼村，王国生与驻村第一书记和熊本祥夫妇亲切交谈。熊本祥说，党的惠民政策好，生活很满足、有奔头。在东岳村，王国生与搬迁户陈秀枝拉起家常，现场核查结对帮扶情况。陈秀枝说，这几年变化很大，现在真是赶上了好时候。

在随后举行的座谈会上，王国生深情地说，看红色受教育，看绿色长精神，看本色增底气，看特色识干部。并提出要有担责、担难、担险精神，"四看三担"为老区、为光山县脱贫攻坚进一步指明了道路。

全面建设中国智慧之乡

在两个一百年的伟大征途上，在新时代新征程上，光山该如何定位？该如何发展？新一届县委、县政府深感责任重大，他们与中共中央办公厅挂职干部一起，走了一山又一山，看了一水又一水，找干部头脑风暴，听群众提建议，请专家出主意，调查——论证——再调查——再论证，集全县人民的智慧，终于探索出了一条适合光山特点的发展新路子。

2016年6月29日，备受全县人民瞩目的中国共产党光山县第十二次代表大会在县文化中心开幕。会上，光山县委书记刘勇作了题为《团结奋进跨越发展为全面建设中国智慧之乡而努力奋斗》的工作报告。

这次大会鲜明地提出了以脱贫攻坚为总引领，以实施"六大战略"（乡村振兴、工业振兴、新型城镇化、生态文明、第三产业、社会事

2016年6月29日，中国共产党光山县第十二次代表大会开幕

2017 年 4 月召开光山县脱贫攻坚工作会议，为今后一段时期脱贫攻坚工作指明方向

业）为总支撑，以弘扬"五种精神"（服务精神、攻坚精神、拼搏精神、创新精神、奉献精神）为总保障，全面建设中国智慧之乡的奋斗目标，为光山未来五年的发展指明了方向，得到了与会代表和新一届委员会的高度认可。

近四年的实践证明，第十二届光山县党代会确定的工作重点、主攻方向、汇聚合力以及目标架构，是根植光山的智慧之树、理念之花。

第2章

光山精彩
——战地黄花分外香

脱贫攻坚是一项深得人民拥护的民心工程。党的政策再好，也靠大家去落实。要把基层党组织建设成为坚强战斗堡垒，把党中央提出的重大任务转化为基层的具体工作，抓牢、抓实、抓出成效。

——2019年9月17日，习近平在光山县文殊乡东岳村考察当地脱贫攻坚工作成效和中共中央办公厅在光山县扶贫工作情况时的讲话

紫弦大地，村乡靓丽；官渡河畔，产业兴旺。美丽光山，脱贫攻坚鏖战激，风雷动，风景这边独好，光山干群以昂扬的斗志、饱满的热情、旺盛的干劲，取得脱贫攻坚战一场又一场胜利，让脱贫成效获得群众认可，经得起实践和历史检验，书写了无愧于时代的精彩答卷。

九月的光山大地一派丰收景象

第一节　精准的路径

只有精准发力，才能扼住贫困的咽喉。

扶贫开发贵在精准，重在精准，成败在于精准。为实现高质量脱贫，光山县委、县政府认真贯彻落实习近平总书记系列重要讲话精神，发扬大别山精神，在打赢脱贫攻坚战中争当先锋、走在前列，在精准施策上出实招、在精准推进上下实功、在精准落地上见实效，蹚出了一条精准扶贫的新路径。

为加强脱贫力量，光山县委、县政府在原来县扶贫开发工作领导小组的基础上，又专门成立由40多名优秀干部组成的脱贫攻坚指挥部，具体负责全县脱贫工作的指导、督促、协调以及对上衔接等工作。指挥部下设办公室，组建3个督查组，并设立行业扶贫、定点帮

聚焦发展为民生，贫困户日子越过越好，笑容发自内心

扶、专项扶贫、社会扶贫、金融扶贫、扶贫宣传、贫困人口检测、综合调研等 8 个专项工作组。建立了专项工作组联席会议制度，定期召开扶贫工作议事会议，制定工作推进措施、汇总项目跟踪落实情况。

民生之微，衣食住行；民生之大，事关家国。光山聚焦"两不愁、三保障"突出问题，精准施策，全面提升民生福祉。

发展为要，民生为本。光山县把教育、医疗、住房"三保障"作为群众脱贫与否的重要指标，让贫困人口真正实现学有所教、病有所医、住有所居。光山县财政拨款 9194.5 万元，生源地助学贷款 7406 万元，募集善款 3410 万元，累计资助贫困学生 1.7 万多人次，没有一个贫困家庭孩子因贫困而上不起学；完成农村危房改造 11265 户，全县 1122 户易地扶贫搬迁户已全部搬迁入住；共解决近 10 万贫困人口的饮水安全巩固提升问题；在全省率先建立健康救助基金池，贫困人口享受各项医疗救助政策 21240 人次，减少医疗费用 6850 多万元……

故事一：家门口"上好学"

"村幼儿园的条件一点都不比城里的差，在家门口也能上好幼儿园。"自从家门口有了幼儿园以后，晏河乡帅洼村党总支书记胡善信把两个孙子都从县城转回了村幼儿园。

2019 年 10 月 17 日，也是第六个"中国扶贫日"，南向店乡举行贫困学子扶贫助学金发放仪式。成功人士胡元银向 15 名贫困学生每人发放圆梦助学金 3000 元，这是他连续第四年对贫困学生进行资助，已累计资助贫困学生 76 名。

教育是拔穷根的根本之策。实施全面覆盖建档立卡贫困家庭学生保障和资助政策，学前教育按照年生均 1000 元标准发放保教费和生活补助费；义务教育在免除学杂费、教科书费基础上，按照年生均小学生 1000 元、初中生 1250 元标准对寄宿生发放生活补助费，扩

南向店乡举行贫困学子扶贫助学金发放仪式

2018年9月，光山五小的学生们正在上扶贫第一课

大学生营养改善计划实施范围；普通高中教育免除学费、住宿费，并按每生每年 2000 元的标准发放国家助学金；中等职业教育免除学费，并按每生每年分别发放国家助学金和"雨露计划"扶贫助学补助各 2000 元；高等教育发放国家助学金。实施中小学危房改造工程、寄宿制学校建设工程、校舍安全、教师周转宿舍等多项工程，大力改善薄弱学校办学条件，缩小了城乡差距。光山县已通过义务教育发展基本均衡县国家认定。

故事二："神医"看病真方便

2017 年 3 月 4 日，64 岁的农民彭勤柏患突发性耳聋，来到光山县人民医院就诊。

奇怪的是医院没有给他安排医生看病，而是让他坐在电脑前，由远方的"神医"为他会诊。这让彭勤柏大开眼界，他说："虽然看不

送医下乡在光山县已成常态

光山县人民医院医务工作者正在通过互联网远程会诊

到真人，却真能治病。真是神了！"

  彭勤柏是光山县第一批通过"云医院"就诊的患者之一。为彭勤柏看病的是乌镇互联网医院的专家和复旦大学附属华山医院神经内科主任王毅，医生及时给出了合理的治疗方案。

  光山是微医集团与大别山区共建的第一个县，微医平台上 29 个省市的 2400 家重点医院、7200 多组专家团队、26 万名医生将协同发挥健康扶贫作用。光山县通过构建互联网分级诊疗平台、县家庭医生签约平台、县互联网医院、县慢性病管理急救网络体系等立体化措施，为光山老区人民和基层医疗机构带来一张"沉得下"的医疗保障网，实现农村贫困群众足不出户就可享受全国大医院知名专家远程会诊的优质医疗资源服务。

光山县因病致贫者 14628 人，过去"救护车一响，一头猪白养""小病变大病，大病要人命"，如今"有病敢于治、治病不花钱"，真正做到了贫困群众"少生病"，足不出户"能治病"，不用花钱"治好病"。2018 年 10 月，国家卫生健康委员会和国务院扶贫开发领导小组办公室通报表扬中西部 22 省 45 个贫困县健康扶贫工作，作为河南省唯一受表扬的县（区），光山县榜上有名。

零距离服务，光山免费为建档立卡贫困人口体检，累计体检农村人口 20 余万人次，为建档立卡困难群众开展签约服务，签约率达 100%。如今的光山，"小病不出村，常见病不出乡，大病不出县、市"的愿景正在成为现实。

故事三：村头来了新邻居

一方水土养不了一方人，咋办？迁，迁出穷山窝。

一场昼夜兼程、砥砺前行的易地扶贫搬迁战役，在光山大地铺展开来。

2017 年 12 月 30 日，寨河镇罗湖村易地扶贫搬迁安置点，宽阔的水泥路修到家门口，自来水、光伏发电站一应俱全。从 40 公里外搬到这里的砖桥镇李岗村村民戴坐平说："没想到国家有这么好的政策，把我们从穷山沟里面迁移到寨河镇罗湖村，并且住上了洋房，以后还有就业岗位，我一定要好好干，脱贫致富。"

戴坐平家有 5 口人，其中妻子和 1 个女儿都是精神病患者，他家以前住的是三间土坯房，夏天下雨把房子淋倒了，一家 5 口挤在厨房里生活。为了解决困难群众的生活难题，光山县实施易地扶贫搬迁，建设 26 个集中安置点。

目前，光山全县 1122 户搬迁户已全部搬迁入住，实现"五通（通水、通电、通路、通有线电视、通通信网络）、六有（附近有学校、公厕、文化广场、便民超市、垃圾中转站、标准化卫生室，或安置点

光山县文殊乡东岳村易地扶贫搬迁安置点

在这些公共服务设施辐射范围内）、七化（实现道路硬化、路灯亮化、社区绿化、环境洁化、容貌美化、污水净化、垃圾无害化）"，搬迁群众实现了搬得出、稳得住、能致富的目标。

故事四：自来水进咱家

中午做饭的时间到了，家住白雀园镇岳寨村刘洼村民组的刘开礼习惯性地扭开了水龙头，白花花的自来水顺着水管流进洗菜盆内，刘开礼开心地笑了。

"从前，我每天都要跑到2公里远的白露河去挑水，省吃俭用也得挑上6担水，逢上天阴下雨就得吃泥水。"刘开礼说。得益于光山

自来水流进千家万户方便了群众，也提高了生活质量

县实施农村饮水安全巩固提升工程，2015 年岳寨村建起了自来水厂，全村 556 户、2490 位村民和城里人一样吃上了自来水。

槐店乡大栗树村民组 85 岁的王文凤家，刚改成的水冲式厕所就在她卧室隔壁，一按阀门水哗哗地响。她说，原来旱厕在大门外路对面，很不方便，在郑州工作的儿子一家人听说厕所改了，高兴得打电话感谢村支书。据大栗树村支书涂胜新介绍，这种分离式厕所蓄水容量达 1.5 吨，每个家庭定期清理，很环保。数据显示，2018 年，光山县完成农村旱改厕 2 万户。

故事五：精准的"定盘星"

脱贫攻坚必须坚持"六个精准"，才能取得决定性胜利。"六个精准"分别是：扶贫对象精准、项目安排精准、资金使用精准、措施到户精准、因村派人（第一书记）精准、脱贫成效精准。找准扶贫

十里镇姚寨村第一书记王连枝为贫困群众送春联

对象，方能避免"撒胡椒面"。查清致贫原因，方能对症下药，精准滴灌。光山县本着"宜养则养、宜种则种"的原则，培育发展种植业、养殖业和旅游等，打造"一村一品、一户一策"，拓宽贫困户增收渠道。"一看房，二看粮，三看学生郎，四看技能强不强，五看有没有残疾重病躺在床。"精准识别顺口溜，简便易行，让识别工作更具操作性。

十里镇姚寨村第一书记王连枝是位"铁娘子"，她跑遍了姚寨村10余平方公里的土地，敲开过23个村民组830户农户的大门。哪家姑娘出嫁了，哪户娃娃上大学，哪家的媳妇最孝顺……王连枝比谁都摸得清。

2015—2019年，王连枝带领着档案局驻村工作队，察村情、访民意、兴产业，硬是将十里镇贫困人口最多、扶贫任务最重的姚寨村变成全镇乃至全县脱贫攻坚明星村。

关系到村子发展的，王连枝能想的都想到了；关系到贫困户增收的，王连枝能办的也都尽力办了。但她却独独没有察觉到疾病正一点点蚕食自己的身体。早在2018年夏天，她时常感到腹部胀痛。但当时脱贫攻坚形势紧迫，王连枝强忍住身体不适，一直坚持工作到年底，直到全村244户、1178人高质量脱贫。

今年元月做的手术，从王连枝的体内拿出了直径达10多厘米的肿瘤。哪知术后不到两个月，这位扶贫路上的"铁娘子"又出现在姚寨村群众中间。

光山县各级扶贫干部对问题一村一村查找、对档卡一户一户校准、对帮扶一项一项抓实、对资金一笔一笔审核、对政策一条一条落

槐店乡槐店村驻村工作队走访贫困户

地、对责任一级一级到人，边排查边整改，进行了一次全面体检、全面整改。近 10 万份贫困户档卡被重新校准，村级组织扛起了主体责任，第一书记舍身忘我全力投入。

靠着扶贫干部精准的拼劲，光山县硬是做到"三个零差错"：贫困户识别零差错，贫困户退出零差错，扶贫资金使用零差错；"三个明显提高"：精准度明显提高，认同度明显提高，满意度明显提高。

第二节　铿锵的脚步

坚决啃下"硬骨头"，翻过"火焰山"。脱贫攻坚战场上，光山人民团结一心，精准发力，爬坡过坎，步履铿锵，久久为功，让大别山精神在新时代脱贫攻坚的过程中传承升华，光辉夺目。

2015 年以来，中共中央办公厅 4 批 12 名挂职干部帮扶光山，投入脱贫攻坚的主战场。光山县抢抓中共中央办公厅定点帮扶的机遇，搭建中共中央办公厅系统 149 个党支部与光山县 74 个贫困村党支部结对帮扶的"连心桥"。河南省、信阳市分别选派扶贫工作队到光山县结对帮扶贫困村。

与此同时，光山县把县里最能打硬仗的人派下去，先后分两批选派 495 名优秀干部担任驻村第一书记及助理；针对软弱涣散村、后进村和脱贫攻坚薄弱村，选派 93 名县直单位改任非领导职务和在职的党员科级干部担任党建指导员、88 名优秀年轻干部担任驻村第一团支部书记，增强非贫困村帮扶力量；派出 7160 名党员干部与全县贫困户结对帮扶，并成立 137 个扶贫工作队、340 个村级脱贫责任组，构成了脱贫攻坚"尖兵方阵"。

故事一："昼访夜谈"谋良策

初夏的凉亭，草木葱茏，绿树成荫，漫山茶园映衬下的农家小院恬静自然。步入乡机关院内，映入眼帘的便是"请同志们到现场去工作"几个醒目大字。

工作在现场推动。"问政于民方知得失，问需于民方知冷暖。"光山县乡村三级党员干部主动将更多时间投入到现场，把力量沉在一线，面对面为群众排忧解难，尤其是在脱贫攻坚工作中，持续不间断开展"大走访"和"昼访夜谈"活动，倾听群众诉求，了解群众心声，帮助他们解决问题，引导广大群众明确脱贫方向、坚定致富信心。

凉亭乡光明村贫困户叶大志的儿子在一场车祸中致残，在村"两委"的帮助下，叶大志利用所学种菜技术，流转租赁土地40亩建设蔬菜大棚。正当建设步入正轨的时候，一场突如其来的暴雪压垮了80%的大棚，本就贫困的家庭雪上加霜，叶大志掩面痛哭。

得知这一消息后，乡领导鼓励叶大志重振精神，帮助落实多彩田

问政于民，问需于民：光山乡村夏日夜晚常见的"风景"

凉亭乡光明村贫困户叶大志种植蔬菜走出脱贫致富路

园产业扶贫政策，申请 5 万元金融小额信贷支持，还帮助他开辟销售渠道。随着西红柿、黄瓜、茄子等蔬菜上市售卖，叶大志年收入达到 15 万元。在自身脱贫的同时，他心怀感恩，尽己所能去帮助他人，通过招收大棚管理人员和蔬菜销售人员，帮助 7 户贫困群众每年增加收入 1 万元左右。

光山县结合脱贫攻坚等重点工作，组织全县党员干部、帮扶责任人集中开展"大走访、大宣传、大整改"活动 30 余次，对群众反映的邻里纠纷、安全隐患、交通治安、环境卫生等问题开展摸排，对重大事件、重要情况、重要民意的倾向性、苗头性问题有针对性地进行引导，及时予以化解。

故事二："百日攻坚"吹号角

"村文化广场正在施工建设，两口大塘即将完工，3 户危房改造

寨河镇张胡村第一书记胡升华在群众家中走访

上报验收……"2018 年 8 月 22 日,寨河镇张胡村第一书记胡升华奔波于多个施工现场,连轴转的他掰着手指头计算工程进度:"为保证完工,我现在都是倒计时。"

不仅张胡村,光山县开展的脱贫攻坚"百日攻坚"行动,围绕106 个贫困村,聚焦"两不愁、三保障"和"六个精准""五个一批",对标查实贫困户脱贫政策上存在的短板,逐项落实措施,倒排工期、倒逼任务、倒查责任,确保目标任务圆满完成。

精准帮扶是"百日攻坚"重点,扶贫专项实施方案牵头部门(单位)加大指导力度,确保"两不愁、三保障"和项目、资金、措施全部到户到人,道路交通、安全用水、无线通信等基础设施和公共服务等项目如期全面完成。

驻村帮扶工作队、帮扶责任人成为"百日攻坚"主力,光山全县定点帮扶贫困村的部门(单位)派出得力领导和精干力量,推动贫困村实施产业就业扶贫、基础设施扶贫、易地扶贫搬迁等重点工作;加

围绕"两不愁、三保障"，县乡村三级联动，推动扶贫工作取得实效

强项目质量管理和资金管理，推动精准帮扶取得实效。

紧抓作风建设，拒绝"花架子"，切实解决脱贫攻坚中存在的"浮""假""躁""松"问题，用作风建设的成果促进各项扶贫举措的落实。干部带头，保持临战高压态势，实行 1/2 工作法，全县所有在职干部职工 1/2 的时间用来搞扶贫工作。保持强督查、严问责的高压态势，全县督查巡查、行业扶贫、扶贫先扶志、作风督查、定点帮扶、人居环境 6 个专项督查组，共发出 60 张督查令，问责 233 人，其中党政纪律处分 22 人，免职 9 人，免职带责工作 2 人，诫勉谈话96 人，约谈 98 人，责令书面检查 6 人。

建立脱贫攻坚定期考核评分制度，实行考核评比与督查巡查信息共享，对在脱贫攻坚一线表现突出的扶贫干部、第一书记、帮扶责任人优先提拔重用，全县 106 个贫困村派驻第一书记 141 名，提拔乡镇正科级领导干部 6 人，重用科级干部 11 人。

故事三："三百竞赛"争上游

2018 年 3 月 31 日上午，司马光广场人头攒动，热闹非凡。光山县人社局与文殊乡政府联合举办转移就业"三百竞赛"及"我们共同找岗位"招聘会正如火如荼进行中。

来自文殊乡 22 个行政村的 620 人参加招聘会，其中建档立卡贫困户 186 户。文殊乡 21 家涉农企业以及光山县产业集聚区重点企业新宝汽车电器公司、三元光电、鹏程手袋等 5 家企业参加。招聘会期间，有 223 人初步达成就业意向，其中贫困人口 69 人。

光山县人社局发起的"我们共同找岗位"活动

2018 年 4 月，县委组织部机关党支部与寨河镇段寨村党支部开展主题党日活动助推"三百竞赛"

开展竞赛活动，推进政策落实。2018 年，光山分 3—6 月、6—9 月、9—12 月 3 个阶段，每个阶段大约 100 天，在全县组织开展项目推进、转移就业、多彩田园等 8 个方面的"三百竞赛"活动，着力推动各项扶贫政策落实和贫困群众增收。从 2018 年 7 月开始，全县打响脱贫攻坚全面总攻战，根据工作重点，将"三百竞赛"内容进行了充实，启动了人居环境改善和危房改造、行业扶贫、项目推进、金融扶贫、定点帮扶、转移就业、社会扶贫、"双星"创建、产业扶贫、精准退出"十大战役"，全县上下尽锐出战，紧锣密鼓，掀起了脱贫攻坚总攻高潮。"三百竞赛"活动，把政策落实的成效融入各乡镇及行业部门争比竞赛中，推动了各项政策落地见效。

故事四："十大攻坚"发总攻

完善工作机制，夯实工作责任，先后发布了脱贫攻坚指挥部1、2、3、4、5号令，厘清规则，完善机制，明确责任，全面有序推进脱贫攻坚各项工作。建立"昼访夜谈"机制，县处级领导率先垂范，每月深入在所联系乡镇开展1—2次"昼访夜谈"活动，及时分析形势，研究问题，提出对策。

光山各乡镇和县直部门自觉担责担难，将工作重心下沉，围绕村级脱贫攻坚发现的问题，及时研究整改推进措施。建立网格管理机制。按照"分级负责、无缝对接、全面覆盖、责任到人"的原则，在全县建立"纵向到底、横向到边"的脱贫攻坚网格化管理体系。乡镇（街区）作为第一级网格，各村（社区）作为第二级网格，各村脱贫

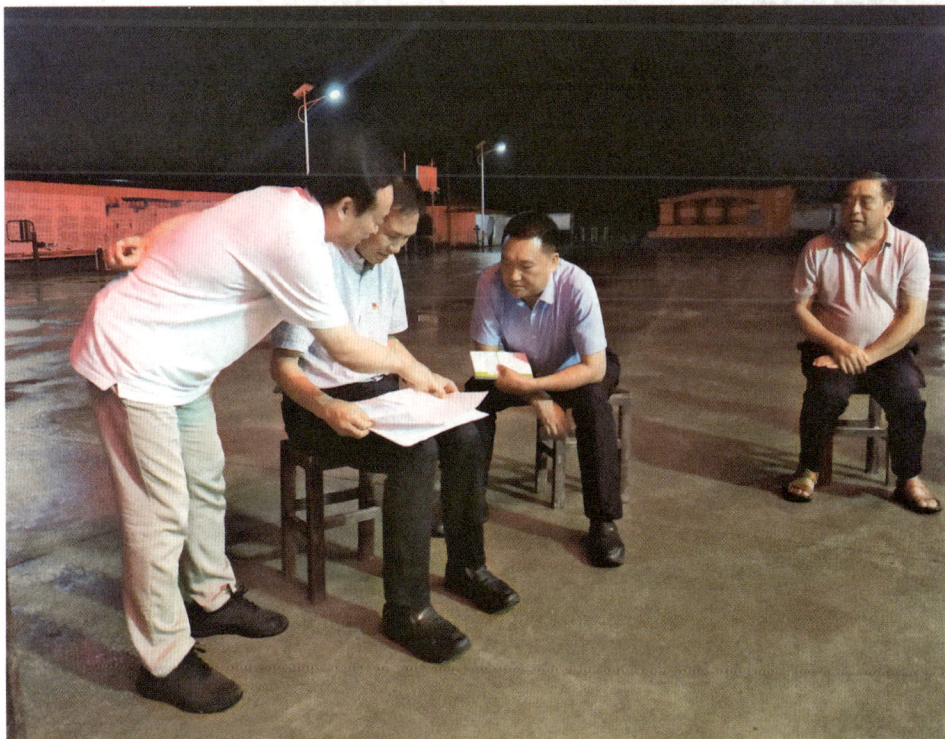

光山县领导和帮扶单位干部在所帮扶村开展"昼访夜谈"活动

县乡村三级党员干部观摩检查乡村人居环境建设

责任组结合村民组情况划分为第三级网格，全县共划分一级网格 20 个、二级网格 340 个、三级网格 2443 个，帮扶单位班子成员任所在网格的网格长，负责本网格范围内帮扶工作和力量统筹，有效整合 7160 名帮扶责任人的力量，变帮扶责任人"单打独斗"为"协同作战"，帮扶效果大大提升。

建立督查评比机制，实行"日督查、周调度、月评比"。光山县脱贫攻坚 7 个督查巡查组每日对各乡镇（街区）进行全面督查，对督查发现的问题，及时交办，限时整改到位；县委书记或县长每周召开全县县乡村干部参加的周调度视频会议，随机抽取乡镇和行业部门汇报责任落实工作进展情况，研判存在的问题，安排下周工作，工作落后的乡镇在调度会作表态发言；对乡镇（街区）和"十大战役"参加单位进行每月进行一次综合评比，每月一排名，对综合评比前 3 名的乡镇分别奖励 30 万元、20 万元和 10 万元，前 3 名的县直单位分别奖励 5 万元、3 万元和 1 万元。对排名最后的乡镇和单位进行通报批评，主要领导在周调度会上表态发言，并接受电视问政。

第三节　不凡的答卷

在高质量打赢打好脱贫攻坚战的征程中，光山县始终把扶志气、激发群众内生动力放在工作首位，结合本地实际，在广大干部群众中牢固树立"爱光山、加油干、奔小康"的理念，不断激发全县上下自力更生的主体意识。

2016 年底，光山县开始谋划开展"扶贫先扶志"专项活动。

南向店乡干部群众深入开展"爱光山、加油干、奔小康"活动

2017 年 3 月，光山县委办发布了《关于开展"扶贫先扶志"专项行动的实施方案》。从此，推进"强化政策宣传、典型示范引路、激发群众活力、融入学校教育、开展群众文化"5 大类 17 项工作在光山全面展开，卓有成效。

在 2017 年河南省农村精神文明建设工作会和 2018 年河南省扶贫扶志工作推进会上，光山扶贫先扶志的做法形成了典型材料在会上进行了交流。2018 年 7 月，信阳市在光山县召开扶贫扶志现场会，总结推广光山县经验。在第六届中国民生发展论坛上，光山县扶贫扶志被评为"2018 民生示范工程"。

故事一：杨长太完美"三级跳"

2014 年春天的一个傍晚，正当杨长太百无聊赖地躺在床上混天度日之时，时任中原出版传媒集团派驻东岳村第一书记王霆伟敲开了他家的门。随后，王霆伟带着杨长太跑到信阳农林学院求助，苗木专家范宏伟教授给他开出两张"药方"：一是紧盯市场，改种销路紧俏的品种；二是学习技术，科学种植管理。当年年底，杨长太的花卉事业"起死回生"，卖出 15 万元，贫困帽成功甩掉。

2015 年，脱贫攻坚战全面打响，张煜从王天伟手中接棒，成为老杨口中的第二位"第一书记"。得知杨长太"生财有道"，还是党员，张煜主动登门造访，建议他扩大规模，带动更多群众致富。

在乡政府和工作队的帮扶下，杨长太的家庭农场很快开张，到 2017 年，农场已发展到 1500 亩，建成了苗木花卉种植基地、有机茶园、稻虾共作基地等，安排 50 多户贫困群众就业。这一年，杨长太被评为全县"脱贫之星"；上级批准四方景家庭农场成立党支部，老杨当上了"杨书记"。

2018 年，计划摘帽的光山进入脱贫攻坚总攻期，东岳村送走了张煜，接来了第三位"第一书记"贾巍。

杨长太的四方景家庭农场种的农产品喜获丰收

四方景家庭农场的油菜籽喜获丰收

在与已成致富带头人的杨长太一番畅谈后，贾巍给脱贫路上快步走的东岳村又添了几把火：协调资金对018线东岳段进行绿化、改造；利用"第一书记"资金建设一座清洁化茶叶加工场；以四方景家庭农场为龙头和依托，成立"东岳村产业联盟"、东岳村旅游开发公司，打造集生产、观光、体验于一体的乡村旅游示范基地。2018年底，东岳村贫困发生率降至1.3%，实现高质量整村脱贫。而杨长太在他的三任"第一书记"的接力帮扶下，从贫困户到脱贫户，到带贫户，再到四方景家庭农场党支部书记，实现了人生出彩的"三级跳"。

故事二：方洼村跃上"地平线"

"李书记没事就到我屋里坐坐，一来二去，对我家情况可清楚了。"方洼村村民朱得安笑着说。

给钱给物，不如建个好支部。方洼村的脱贫之路是从建强基层组织建设入手的。方洼村曾是贫困村和软弱涣散村。在中共中央办公厅驻村帮扶干部郭伟立、光山县派驻第一书记徐开春到位以后，从建强村"两委"班子入手，选优配强了村支书、主任，并制定了值班、周例会等制度，配套完善了便民服务中心、党员活动室等，群众到村部办事更加方便快捷。

方洼村党支部书记李信远说，"中共中央办公厅派驻的扶贫工作组来了之后，不仅给我们提供脱贫思路，还实打实地帮助我们搞水田治理、坑塘改造。"2016年，方洼村的可利用土地被综合整治，水田被集中清淤，变成了"三步一良田，五步一鱼塘"。除了土地治理，方洼村还修建了多条道路，农村安全饮水工程到户，全村电网设施得到全面改造提升，村庄绿化、道路绿化实现全村覆盖。村民们说，方洼村这一年的变化，抵得上过去几十年！

在方洼村易地搬迁安置区五福新村，住着经村民公开评审出的

光山县文殊乡方洼村升旗仪式

文殊乡方洼村易地扶贫安置点，当地人称其为"五福新村"

17 户易地搬迁的贫困户。2017 年春节前，他们从岌岌可危的土坯房中搬到了这里，村支部还给每家分了一片荒地用来种菜。至于搬家后的生计问题，村支部已经为他们谋好了出路：物业管理、环境保洁、养老服务、种地养鱼……

在推动精准扶贫上，方洼村按照"党支部＋贫困户＋特色产业＋务工就业＋电子商务"的模式，大力发展"房前屋后一亩茶，一塘肥鱼一塘鸭"和香菇种植等多彩田园产业扶贫项目；收回、整合 3 个村属集体林场，发展无性系茶园 650 亩，壮大村级集体经济；免费为全村贫困群众提供职业技术培训 12 场 900 余人次，提高贫困群众的脱贫智力；引进村淘项目，创办村淘点，线上销售村内茶叶、土鸡蛋等特色产品。如今的方洼村已整村脱贫，一跃成为全县先进村、小康村。

文殊乡方洼村的村集体经济产业香菇种植喜获丰收

故事三：精准脱贫"零差错"

2017 年 12 月 13 日傍晚六点半，夜幕降临，光山县气温跌破冰点。贫困户李荣运堂屋的桌子上，放着一本新打印出来的户口本，这是驻村"第一书记"王伟亲自送来的。原来，李荣运的儿媳妇是未婚先孕，孙子出生后未能上户口，儿媳妇的户口也没有迁移过来。王伟在对贫困户再识别排查中，发现建档立卡贫困户李荣运在村档案里的统计人数比实际人数少了 2 人。问清情况后，王伟与村支书开车带着李荣运的儿子、儿媳妇、孙子到光山县公疗医院做亲子鉴定，又到光山县行政服务大厅办理其儿媳妇的户口迁移，经过多次奔波，终于将一家人的户口补齐，解决了建档立卡贫困户李荣运人口漏登的问题。

2017 年 8 月 26 日，光山县脱贫攻坚指挥部发出第 4 号令，要求确保贫困户识别、退出和扶贫资金使用"三个零差错"。通过强化监

光山县扶贫办主任陈猛到贫困村检查指导"三个零差错"落实情况

督检查紧盯"三个零差错",全县脱贫攻坚工作中不同程度存在的问题都得到了及时提醒、纠正、整改,脱贫攻坚工作得到夯实。

故事四:"四好"公路通幸福

2019年1月23日,雪后刚一放晴,光山县文殊乡陈棚村村民匡胜志就赶着2000多只鸭子下到水塘。临近春节,散养鲜鸭蛋走俏。2018年靠养殖光山麻鸭,匡胜志收入五六万元。能有这么好的效益,最重要的原因就是路通了。

匡胜志说:"以前山里没有路,我们上街去卖鸭蛋骑着自行车,路坑坑洼洼的,把鸭蛋都颠破了,种的菜呀、米呀也卖不出去。"

产业发展到哪里,公路就修到哪里;全域旅游发展到哪里,公路就修到哪里;群众脱贫需要到哪里,公路就修到哪里。这是光山县委、县政府脱贫攻坚、振兴乡村的战略举措。2016—2018年,全县投资近10亿元,全面实施行政村通硬化路、通客车工程。截至2019年4月,全县所有行政村全部通硬化路;自然村通硬化路率超过

致富道路连通万家

75%，受益人口 60 余万人；所有行政村实现通客车全覆盖。农村路网建设，不仅仅消除了肩挑手提之累，还极大地方便物流客流出村进户，更为乡村注入了现代生活元素。2019 年 4 月，光山县被授予河南省"四好农村路"示范县。

光山县"村村通"班车沿着"四好农村路"通往千家万户

光山县交通运输局局长彭国民说："我们规划县乡道项目 4 个 12.9 公里、通村道路项目 106 个 229.3 公里、桥梁项目 4 个 84 延米、安防工程项目 262 个 501.8 公里，新增通村客车线路 38 条，并通过线路延伸、路面改善提升、增加车辆班线等途径，确保达到全县村村通客车全覆盖。"

目前，彭国民同志所介绍的农村路网规划已圆满完成。"四好农村路"已成为引领光山县美丽乡村、多彩田园建设和服务新农村经济社会发展、提升群众出行品质的重要支撑和保障。

故事五：医病有了"六道保障线"

"我妻子现在恢复得很好，要特别感谢县里的'六道保障线'好政策，没有它，我妻子今年住院治疗花费真不知道该怎么办了。"2018年7月16日，付文奎对回访的凉亭乡卫生院工作人员说道。

付文奎是凉亭乡前进村付中村民组人，2015年纳入建档立卡贫困户。2018年3月，付文奎的妻子杨以荣患牙龈癌在光山县人民医院住院治疗了14天，住院总费用21235元，农村合作医疗报销12742元，大病保险报销1481.5元，健康扶贫报销2765元，计总报销16988.5元，自付仅4246.5元，报销比例达80%。

付文奎所说的"六道保障线"，是光山县实施健康扶贫工程推出的系列医疗保障优惠政策。

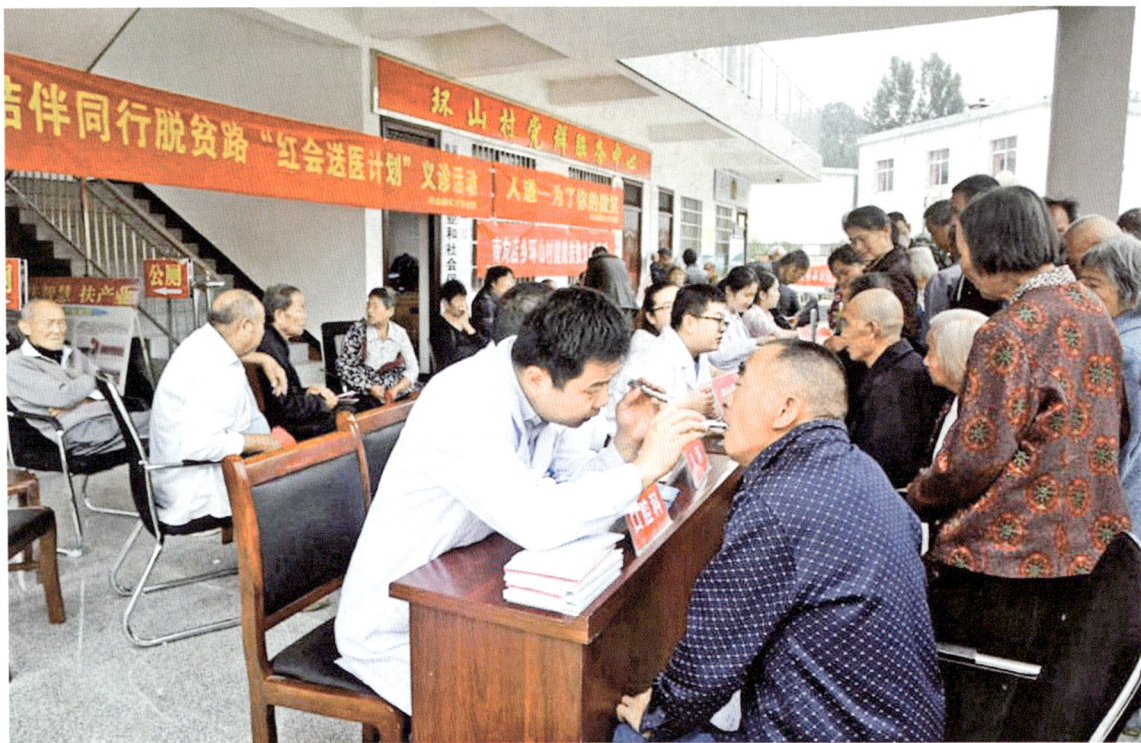

县人民医院医务人员为村民义诊

据统计，三年间，在光山，像付文奎这样享受到优惠的住院困病人员有 32287 人。

光山县在城乡居民基本医疗保险、大病医疗保险、困难群众大病补充医疗保险、民政救助"四道保障"的基础上，针对困难群众承担的大病医疗费用自费部分依然过重的问题，依托中原保险公司，在河南省率先设立农村医疗补充救助保险，形成政府、个人和保险机构共同分担医疗补充保险的新机制。农村医疗补充救助保险已理赔 32287 人、7845.3 万元。针对困难群众在大病治疗中承担自费部分的压力，以对口帮扶光山县的中共中央办公厅帮扶资金 200 万元为基数，接受社会各界捐款 1796 万元，设立"光山县健康扶贫救助基金池"，对未脱贫的困难群众各项保险报销后的自费部分再报销 50%，为困难群众设立第六道医疗保障。2017 年 10 月 1 日，"六道保障线"正式实

光山县健康扶贫救助基金池募捐活动

寨河镇冷大湾村贫困户雷华堂在帮扶人的陪同下到县人民医院就医

施以来，各级医疗机构已有 16615 人（次）住院患者享受了此项政策，基金池报销金额 961.2 万元。现年 52 岁的光山县南向店乡村民向某，2017 年 2 月患重症肝炎住院救治，共计花费 88 万多元，除去肝源 30 万元不能报销外，剩余合规花费经新农合、大病保险和中原农业保险三次理赔，剩余自费含不合规部分将由光山县健康扶贫救助基金池给予一定比例再报销，共报销 57 万余元。截至目前，全县建档立卡贫困户已全部纳入基本医疗保险保障范围。

故事六：贫困户飞出三只"金凤凰"

在光山县槐店乡陈洼村，贫困户陈涛供出三个大学生的事让村民们羡慕不已。大女儿考上中南财经政法大学的硕士研究生，二女儿被河南工学院录取，小儿子被南昌大学录取。

"只要孩子们愿意上学，我付出再多也心甘情愿！"这是陈涛时常挂在嘴边的一句话，他逢人便讲"感谢党的扶贫好政策，让三个孩子上学没有负担"。目前陈涛的三只"金凤凰"正在亮翅……

2014 年，通过精准识别，陈涛家庭因学和因残被纳入建档立卡贫困户，此后，党的各种扶贫政策开始在他家落地生根。大女儿上大学时在学校申请了无息助学贷款，二女儿和小儿子上高中时，每人每年享受 2500 元的教育补贴；村里为陈涛申请了公益岗位，每年增收 3000 元，他每月还享受 60 元的残疾人补贴；积极参加技能培训，发展"稻虾共作"等致富产业。2018 年，陈涛家顺利实现脱贫。2019 年，陈涛承包经营 28 亩田地，养了 2 头牛，开挖了 15 亩虾田，加上企业带贫和公益岗位，收入约有 6 万元左右。

省级示范性高中——光山第二高中

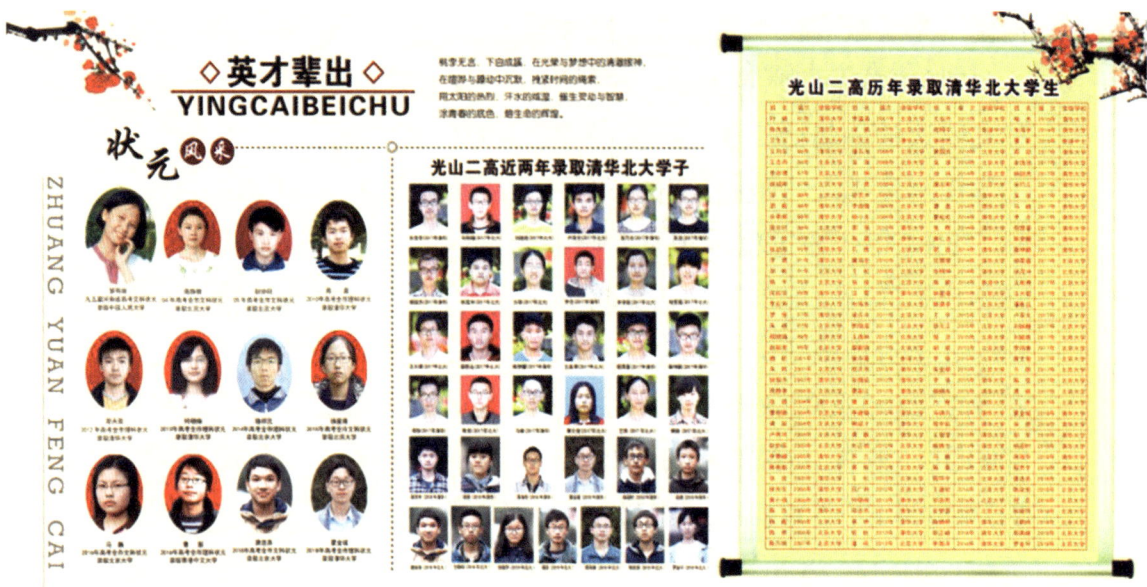

历年考上清华北大的光山学子

"现在欠的钱都还了，孩子们在努力学习，我也心安了。"拉起家常，陈涛信心满满。脱贫攻坚战打响以来，光山县持续加大教育扶贫投入力度，全县没有一个孩子因贫困而上不起学。2016—2018年，光山县财政拨款9194.5万余元，生源地信用助学贷款7437万元，接受社会资助3410万元，全县累计资助学生上学171164人次。2019年上半年，全县共识别建档立卡贫困生18250人，各类财政资助1774万元，资助26202人次，接受各类社会资助300余万元。通过大力实施"扶贫＋扶志＋扶智"，激发贫困户内生动力，阻断贫困代际传递，助力贫困户稳定脱贫，光山孵化出一大批"金凤凰"。

第四节　崭新的形象

按照发展生产脱贫一批、易地扶贫搬迁脱贫一批、生态补偿脱贫一批、发展教育脱贫一批、社会保障兜底一批的"五个一批"要求，光山县委、县政府凝心聚力拔穷根。四年的脱贫攻坚战，是一部光山经济社会飞速发展史，一部光山县92041名贫困群众艰苦奋斗史。

如今，在光山乡村，闲时打牌赌博的少了，务工干活的多了；奢侈攀比之风少了，崇尚文明之风多了；烧纸烧香、燃放烟花爆竹的少了，讲文明、守孝道、美化环境的多了。内生动力不断增强，通过把扶志气、扶智慧融入脱贫攻坚工作之中，农村群众的内生动力普遍被激发出来，一大批贫困户通过参加技能培训实现了脱贫致富。2018年，全县培训贫困人口达11829人，其中缺技术贫困人口5143人，切实提高了贫困群众依靠技术增收脱贫的本领。

故事一："产"出硕果满枝

一垄垄红薯地望不到边，一个个大红薯沉甸甸。殷棚乡青龙村贫困户曾昭勇望着好收成喜得合不拢嘴。

驻村"第一书记"张礼山带着村干部帮助他一起抢收红薯，大家撸起袖子，挽起裤脚，使劲地挥着铲子刨红薯。曾昭勇大把大把地往袋子里装着刚挖出来的红薯。

曾昭勇在驻村工作队的帮助下种植红薯4亩多地，预计收1.5万余斤红薯，可加工粉条2000多斤，能增收1.8万元。

殷棚乡因地制宜，鼓励农民用山地种植红薯，开发粉丝、粉皮等产品，提高产品附加值。2017年，种植8000亩红薯，与贫困户签订订单，采取免费提供薯苗、高于市场价10%收购等措施，激励贫困户和农户扩大种植面积，为更多的百姓带来更大的实惠和效益。

光山县将产业扶贫作为带动群众稳定增收脱贫的根本，持续提升产业发展的质量效益。大力推广"房前屋后一亩茶、一塘肥鱼 群鸭"产业脱贫模式，探索实施多彩田园产业扶贫示范工程，推动形成每个乡镇（街区）2—3个重点产业、每个村1—2个重点产业的"一乡一

殷棚乡青龙村第一书记张礼山走进田间地头帮助贫困户曾昭勇解决实际困难

光山县凉亭乡生态茶园

业、一村一品"的产业布局，全县累计发展带动 5 户贫困户以上的多彩田园产业扶贫示范工程 631 个，累计带动贫困户 32419 户次增收，其中 2018 年新增示范工程 264 个，带动贫困户 15657 户次增收，这一模式在信阳全市示范推广。

故事二："搬"进美好生活

2017 年 5 月 1 日，文殊乡东岳村内锣鼓喧天，人声沸腾，一片新盖的徽式庭院和小楼，几乎家家都贴着对联，门楣上的横联"党恩浩荡""党恩惠民"格外醒目。向金志等首批 13 户易地搬迁贫困户，从此告别了居住半个世纪的破房子，搬进了宽敞明亮的新家。

现年 70 多岁的向金志是村里的贫困户，此前一直住在上世纪建造的土坯房里，晴天漏光，雨天漏水。2016 年，他被纳入村内首批易地扶贫搬迁对象，随着工程的顺利推进，他与同村的贫困户一起，没花一分钱便住上了新房。对于党和政府的关怀，向金志有着说不出的感激之情。没读过几天书的他，为了表达自己感激，他专门请人写了一副对联，感恩党对自己的关怀。

为提高易地扶贫居民生活品质，搬迁安置点周边还配套有卫生室、公园、广场等公共服务设施，进一步保障群众物质、精神双脱贫。

光山县对居住生活在山区、林区，交通不便、资源匮乏，通路、通电、通水等基础设施建设成本远远大于扶贫搬迁成本，以及自然灾害频发、家庭经济长期困难、住房条件较差的贫困户 7351 人实施易地扶贫搬迁，占脱贫任务的 9.24%。通过改善搬迁地区的生态环境，达到消除贫困和保护生态的双重目标，促进人口、资源、环境协调发展。

向金志和他的新居

光山县文殊乡东岳村易地扶贫搬迁点一隅

故事三："补"齐美丽生态

光山县立足生态建设，助力精准扶贫，通过加大工作力度，创新工作机制，截至 2017 年底，全县共完成营造林 5.9 万亩，超额完成年度造林目标任务。

围绕打赢脱贫攻坚战，光山以发展既生态又扶贫的产业为重点，开展扶贫攻坚造林，选准生态效益、社会效益、扶贫带动成效明显的油茶、苗木花卉、杉木等特色林业产业，有效提升林业扶贫工作成效。2017 年，共整合涉农资金 1900 万元，用于发展油茶和苗木花卉。目前，光山县茶叶种植面积达 24 万亩，油茶面积达 22.7 万亩，新建茶油加工厂 1 个。光山县发展油茶的企业有 31 家，农民专业合作社 107 家。通过发展林业产业，扶持一批贫困户兴办森林人家、农家乐，带动了全县 2700 多人增收，让山区农民吃上了"生态旅游饭"。

光山县十里镇生态一隅　徐大迟摄

郁郁葱葱的司马光油茶园

通过产业大发展，达到农民就地就业、农业就地转型、农产品就地增值、农村就地致富的良好效果。

优先聘用贫困户作为公益林护林员，每年有1875人通过参与公益林管护，实现户均增收1600元。每年发放公益林补偿和管护费310多万元，使500多农户受益，一大批贫困户在自己的田间地头享受到了国家项目资金带来的收益。

2018年6月26日，光山县殷棚乡张中湾村园田特色合作社吸引了大批游客前来观赏太空荷花。今年春季，该合作社引种200多亩太空荷花，以生态旅游带动太空荷花茶等农副产品销售，合作社年纯收入达30多万元，并带动21户贫困户年均增收1.8万元。

故事四："育"出智慧人生

让贫困地区的孩子接受优质教育，是扶贫开发的一项重要决策。培养一名贫困学生，脱贫一户贫困家庭，造福一村，教育是摆脱贫困的重要手段。

2019 年 11 月 25 日，光山县招才引智暨在京高校师生代表座谈会在清华大学举行。来自北京大学、清华大学等在京"双一流"高校的 180 多名光山籍优秀师生代表相聚一堂，绽放青春活力；光山籍教授代表走上讲台，讲述思乡情怀；光山县委书记、教育局局长等家乡亲人，走上国家顶级学府讲台，畅诉家乡的发展与幸福……中国智慧之乡光山，以自信自豪的身姿闪耀清华。光山籍学子相聚交流，畅谈了心中感受，感谢家乡领导给他们沟通交流的机会和平台。不少学子在谈论中，透露了学成后回馈家乡，为家乡的经济社会建设添砖加瓦的想法。

"当前，实施乡村振兴，我认为最大的难题在于资金和人才。"光山县县长王建平在招才引智暨在京高校师生代表座谈会上求贤若渴。作为清华大学学生社会实践实习基地，光山县每年都在清华大学组织

光山县招才引智暨在京高校师生代表座谈会

主导产业座谈，请各位师生为光山的发展建言献智。

脱贫攻坚期间，光山县加大招才引智力度，培育带动产业发展，大力实施"信阳英才计划""回归工程"，确保人才回得来、留得住、能发展。

故事五："兜"来幸福保障

2017年以来，光山县切实把民生底线兜住、兜牢，切实保障城乡生活困难群体在光山县脱贫攻坚的道路上不拖尾、不掉队。

加大资金投入。2019年1—9月，光山县累计支出城乡低保资金3428万元，23848位城乡低保对象的基本生活得到应保尽保。其中，

寨河镇张胡村第一书记到贫困户家中访贫问苦

城市低保对象 1647 户、2022 人；农村低保对象 19379 户、21826 人。

提高保障标准。从 2019 年 1 月开始，城市低保对象月人均补助水平达到 260 元，农村低保对象月人均补助水平达到 142 元，逐步实现低保线与贫困线"两线合一"目标。

精准识别低保对象。光山县民政局及时出台了《光山县民政局关于印发光山县社会救助精准兜底专项整治工作方案的通知》，规定各乡镇（街区）要采取逐村逐户核查和信息比对方式，对被识别为贫困人口但未纳入低保范围的对象进行复核复审。共有 18923 个建档立卡贫困对象符合低保标准，全部按程序纳入保障范围。光山县把符合条件的建档立卡贫困户全部纳入农村低保范围，将符合条件的农村低保家庭统筹纳入产业扶持、易地搬迁、社会扶贫等政策覆盖范围，使贫困家庭不但得到"输血"，也培育其"造血"功能。

故事六：喜获民生示范奖

2018 年 12 月 15 日，从北京传来好消息，光山县扶贫"扶出精气神"项目荣获"2018 民生示范工程"奖，且是信阳唯一获奖的项目。这是 2018 年光山获得的最后一个"大礼包"。

"争当贫困户、吓跑儿媳妇""脱贫光荣、安贫可耻"。走进光山城乡，随处可见接地气的扶贫标语，听村口的大喇叭成了人们茶余饭后的习惯，"百姓直通车"开到了千家万户；"脱贫之星""好媳妇"为大家现身宣传；开展"我爱你，光山""共同奔小康"歌咏比赛……从打响脱贫攻坚战开始，光山县就把扶志作为扶贫工作的重点，多措并举激发贫困群众脱贫致富的精气神。

"一家六口四个残障，不可能脱贫的贫困户脱贫了！"泼陂河镇赵畈村贫困户孙发珍一家，六口人四个残，家庭情况特殊。村支书曾断言，"要是她家能脱贫，全村所有贫困户都能脱贫"。结果，孙发珍人穷志坚，通过小额扶贫贷款办起了养殖场，收入可观。在光山县

十里镇姚寨村村民举手选举"脱贫之星""好媳妇""好婆婆"

仙居乡举行"扶志气创双星"暨"我脱贫我光荣"宣传表彰大会

2018 年脱贫摘帽前夕，孙发珍一家递交上脱贫申请书。

仙居乡张湾村张某，家中有老人还有两个孩子，原本生活过得十分清贫却喜爱打牌赌博，结果欠下不少外债。在帮扶责任人和村干部的开导教育下，张某戒掉了赌瘾，开始学习养殖技术，并开办养鸡场，成功实现脱贫，被评为村里的脱贫之星，戴上了红花，登上了红榜。

第 3 章

光山智慧

——青山着意化为桥

种油茶绿色环保，一亩百斤油，这是促进经济发展、农民增收、生态良好的一条好路子。路子找到了，就要大胆去做。

——2019 年 9 月 17 日，习近平来到光山县司马光油茶园察看当地产业脱贫工作成效时的讲话

何谓智慧？智慧是指人发现问题、分析问题、解决问题的能力。智慧是智力的运用与展示。

人类开天辟地以来创造的智慧多如牛毛、不计其数，但是按智慧来源可以把人类的智慧划分为两大类：一类是人文智慧，另一类是科技智慧。德行天下，主要靠人文智慧；遨游太空，主要靠科技智慧。中国要实现"两个一百年"奋斗目标，必须充分发挥科学技术这个智慧武器，一方面实现富民的目标，另一方面实现强国的梦想。

脱贫攻坚是全面建成小康社会最艰巨的任务之一。新中国成立70多年来，我们党带领全国人民持续向贫困宣战，开辟了中国特色减贫道路，使7亿多人摆脱了贫困。预计2020年年底全国95%左右贫困人口实现脱贫，90%以上的贫困县实现摘帽。在脱贫攻坚的大决战中，实现精准帮扶需要发挥智慧，激发贫困群众内生动力离不开智慧，处理好公平问题考验智慧。光山县成功脱贫摘帽，时时处处事事闪耀着光山智慧。

第一节　红色的传承

红色基因是革命精神的薪火相传。红色基因孕育的大别山精神鼓舞着一代又一代光山儿女，用勤劳和智慧、用坚定与执着写下令人惊叹的"光山故事"。

作为革命老区的光山县，大别山精神代代相传，红色基因早已深深融入血脉，深深扎根于群众。有着坚定不移跟党走信念的光山在打赢脱贫攻坚战的进程中，弘扬红色传统，传承红色基因，激活了群众脱贫致富的内生动力。

2018年3月3日下午，武汉市洪山区梨园街东湖花园小区二期，一户居民家中突发大火，屋内堆积的大量废旧物品猛烈燃烧。在现场附近的30岁光山籍空降兵战士李道洲得知后，先后两次冲进火场救出一对老夫妻。当他第三次冲进火海，试图救出老夫妻患有脑瘫的女儿时，不幸壮烈牺牲。8月13日，空降兵某军为李道洲烈士追记一等功。2018年4月，李道洲入选"中国好人榜"。2019年9月，李道洲获得第七届全国道德模范"全国见义勇为模范"。

李道洲牺牲的消息传到家乡，引起了巨大反响。3月7日，李道洲

抗美援朝战争老兵为孩子们讲述红色故事

烈士的骨灰被迎回家乡安葬。当天，从大广高速光山出口至烈士陵园 7 公里道路沿线，上万名干部群众夹道伫立，寄托哀思，缅怀英雄。还是当天，称颂英雄李道洲火海救人的光山本土歌曲《三月的芳华》深情面世。

光山是孕育英雄的沃土，自古以来英雄辈出。这里是无产阶级革命家、政治家邓颖超的祖居地，也是大别山革命根据地、"千里跃进大别山"时刘邓首长和中原党政军机关的主要驻地，更是解放战争由战略防御向战略反攻的转折地。在这里，诞生了红四方面军、红二十五军、红二十八军等主力红军。留下了刘伯承、邓小平、许继慎、徐向前、高敬亭、李先念、王震等老一辈革命家和军事家的战斗足迹。著名的王大湾会议就在光山县砖桥镇召开。境内文物和革命纪念地 535 处，无数革命先烈的鲜血浸润了这片红色的热土，谱写了可

孩子们到李道洲烈士家中缅怀英雄

歌可泣的英雄篇章。

岁月流逝，英烈的功勋不会磨灭；时代变迁，英雄的精神永远熠熠发光。光山是座英雄辈出的城市，每当人民群众的生命财产受到严重威胁的关键时刻，总有像李道洲烈士这样的英雄挺身而出。救人小英雄胡迪秀，勇斗歹徒壮烈牺牲的英雄战士陈涛，维和英雄姚道祥，破冰救人英雄刘顺星、赵应书，冰雪池塘撬冰救人徐氏三父子，等等，英雄们所代表的坚守信仰、追求大我、不怕牺牲的精神，已经融入光山儿女的血脉，成为代代相传的宝贵财富和力量源泉。

第二节　绿色的效应

绿水青山就是金山银山。如何选准脱贫产业，事关攻坚成败。光山县立足实际，放大绿色资源优势，大力发展油茶产业，实施多彩田园，发展红色旅游，让绿色产业成为脱贫的主路径，让绿色发展成为脱贫的主旋律。

故事一："油茶上山"富民

提起油茶，人们大多只会想到湖南、江西这样的主产区。但是，光山地处全国油茶种植的最北边缘线，发展油茶同样具有得天独厚的条件。近年来，光山县结合生态优势和地域特色，把油茶列为重要富民产业，强力推进产业发展，取得了巨大的经济效应和生态效应。

2019年9月，习近平总书记来到光山县槐店乡司马光油茶园，考察调研产业脱贫工作。当时深秋已至，漫山遍野的油茶花与饱满的油茶果同时挂满枝头，呈现出一幅开花结籽、花果同期的丰收盛景。

2008 年之前，这片一望无际的油茶园还是一座野草蔓延、灌木丛生的荒山，被当地农民称为"柴禾山"。那一年，外出创业成功人士陈世法在光山县委县政府的支持下，抢抓"油料上山"的机遇，返回家乡创办了光山县第一家油茶企业——联兴油茶，并在这里建立了油茶种植基地。十年时间，他先后投资数千万元，历经自然灾害、合伙人撤资等困难，司马光油茶园逐步发展壮大，当年的"柴禾山"现已种植油茶 2.7 万亩，覆盖 6

司马光油茶园附近的村民喜摘油茶果

个村、41 个村民组，年产值近亿元，成为一个以司马光文化为载体，集循环农业、创意农业、文化旅游和农事体验于一体的田园综合体。在自身发展壮大的同时，司马光油茶园还直接帮扶 609 户 1831 名贫困人口，吸纳了 2000 多名群众就近就业，人均年增收 2800 元，油茶已经成为当地乡亲们脱贫致富的重要产业。

十年时间，司马光油茶园从无到有，逐步壮大，正是光山县油茶产业蓬勃发展的生动写照。截至 2019 年，光山全县油茶种植总面积已达到 22.7 万亩，从事油茶产业的专业合作社 100 余家、企业 30 多家，先后荣获国家级称号，已成为河南省油茶发展的主产区。

晾晒油茶果

联兴公司年终发放就业人员务工工资

"一亩油茶百斤油，又娶媳妇又盖楼。"小小油茶树，把荒山变金山、穷乡变富壤、山区变景区，成了光山名副其实的"摇钱树"。

故事二："一带一路"亮茶

在光山、潢川和商城三县交界的光山县白雀镇上，有一家信阳市四季香茶业有限公司。走进该公司生产车间，不禁让人拍案惊奇、啧啧称赞。

惊的是，在"中国毛尖之都"的信阳，能看到蒙文包装的黑茶类青砖茶，可谓"锁在深闺人未识"；赞的是，这里 60 吨青砖茶通过二连浩特出口到蒙古国的首都乌兰巴托，成为"一带一路"上的新秀，真是"一举成名天下知"。

青砖茶是我国五大茶类之一。在四季香茶业公司，每块重量1200 克的青砖茶，经过工人包装、封箱，正整装待发。据公司总经理韩忠学介绍，2019 年信阳茶文化节期间，来自俄罗斯、法国、比利时、澳大利亚、蒙古等国家的客商专程到信阳与他洽谈订货。自

光山县白雀园镇四季香茶叶走俏"一带一路"

四季香茶叶公司制茶车间

2016 年 1 月第一次出口青砖茶，公司目前已累计出口 660 吨，韩忠学也被人们称为绿茶界的一匹"黑马"。

今年 46 岁的韩忠学，看似木讷，实则敦厚；看似愚拙，实则智慧，正是他这种敦厚与智慧，才有了今天事业的风生水起。

1995 年，当"孔雀东南飞"的新潮涌起，韩忠学却在反其道而行之，在塞北呼和浩特的新城区成立四季香茶庄，主要经营批发砖茶。2005 年，四季香茶庄分别在呼和浩特、二连浩特、鄂尔多斯、满洲里、西宁等 10 多个城市设立配送中心，先后与 200 多个大型商超建立合作关系，年批发砖茶 2000 多吨，成为西北地区最大的商超茶叶供应商，被同行誉为"西北茶王"。

岂料，正当人们的视线聚焦这位"西北茶王"时，韩忠学的视线又转向了信阳的 200 多万亩茶园。他以茶商独到的眼光发现，每年信阳毛尖采摘季节过后，大量夏秋茶可以加工成砖茶，仅砖茶一项每年茶农可增收 40% 以上。2005 年 2 月，韩忠学在光山县注册成立了信阳市四季香茶业有限公司。去年，他投资 1000 多万元，在家乡建成一座 3600 平方米的标准化厂房，年加工能力 1 万多吨。

故事三：生态"揭秘"长寿

2019 年 7 月 18 日，农历 6 月 16 日，光山县白雀园镇陈集村老人王秀珍迎来了自己 109 岁生日。一大早，老人的子孙们就从四面八方赶回家里，当地政府、民政部门、企业等也派来了代表，共同为老人祝寿。众人齐声为老人唱《生日歌》，王秀珍捏捏红包、尝尝蛋糕、端起刚倒的一杯酒一饮而尽，连说"高兴高兴"，引得一阵满堂掌声……

俗话说，山中难寻千年树，人间难找百岁人。但放眼光山，像王秀珍这样的百岁老寿星却是大有人在。最新数据显示，光山现有 100 岁以上老人 34 人，90 至 99 岁老人 2421 人，80 至 89 岁老人 16173 人，70 至 79 岁老人 45075 人，远高于全国平均水平，堪称养生福地、长

光山县白雀园镇陈集村老人王秀珍迎来了自己 109 岁生日

治理后的光山县官渡河——池春水洗云天

寿之乡。

这里南依大别山，北临淮河，生态优越，气候宜人，全县水资源总量 20 亿立方米，植被覆盖率达 88.4%，空气质量优良天数连续 3 年位居全省县级城市第一，"光山蓝"辉映中原。近年来，光山县坚持走生态优先绿色发展之路，持续加大生态环境的保护与利用。连续创建省级生态乡镇 14 个、生态村 47 个，大力推进官渡河区域生态综合治理，荣获"中国生态魅力县"称号，86 万光山人成为生态治理变化的直接受益者。

光山是"中国名茶之乡"，茶圣陆羽《茶经》中早有评价："淮南茶，以光州上。"这里长期以来就有以茶养生、以茶敬客、以茶会友的习俗。这里还盛产油茶，出产的山茶油更是保健养生、益寿延年不可多得的珍品。

这里有花鼓戏、皮影戏、地灯戏等独具特色民俗文化，是光山人精神愉悦的源泉；这里是佛教中国化的起锚地，三谛圆融、一心三观等天台宗妙理，熏陶着光山人的智慧。这里崇尚运动，全民健身蔚然成风，这几年接连举办了龙舟赛、马拉松赛和全国自行车赛，广大群众身健体康，福寿绵长。

第三节　本色的底蕴

村看村户看户，群众看的是干部。在脱贫攻坚的大会战中，光山县广大干部一心为民，发扬焦裕禄"亲劲、拼劲、韧劲"的"三股劲"精神，与贫困群众干在一起，吃住在一起，在他们身上，生动形象地彰显出共产党人的本色。

故事一：为民好作风

2018 年 9 月 17 日下午，中共中央办公厅挂职光山工作的董丽娟、顿继峰、毛娓、王歆博下乡调研脱贫攻坚工作，在路过一道冲田时，看到仅剩的一块冲田稻谷还在靠人工收割，他们下稻田询问，原来是文殊乡方洼村王洼组贫困户袁宏英家的稻田。袁宏英说：平畈田收割机收稻好使，像她家有几块小冲田坡度大，收割机开不进来，稻田泥水深，机器下稻田又跑不动。于是，他们就让袁宏英找来几把镰刀，帮袁宏英收割起水稻来，虽然都是头一回拿着镰刀割水稻，却个个干得认真，一招一式，边割边向袁宏英学习。经过一个多小时的劳动，看着收割完的一片黄澄澄的稻谷，喜悦洋溢在大家的脸上，也烙在贫困户袁宏英的心中。

第一批中共中央办公厅挂职干部党孝民、郭伟立，依托光山羽绒加工、电子商务、油茶、茶叶、苗木花卉等优势产业，探索出了一条适合光山发展的产业扶贫道路。第二批挂职干部刘国梁、杨光辉、薛宗伟，依据光山油茶、茶叶、麻鸭等特色产业发展优势，提出并实施了多彩田园产业扶贫新思路，培育打造出"光山十宝""光山羽绒"等具有光山特色的产业品牌。第三批挂职干部董丽娟、顿继峰、毛娓、王歆博，结合光山扶贫扶志活动，探索实施了"幸福驿站""扶贫爱心超市"，进一步激发了贫困群众实干脱贫的内生动力。第四批挂职干部戴东凯、孔凡文、侯文军，走村入户，开展"百人访谈"活动，为光山做好脱贫攻坚与乡村振兴两篇大文章出谋划策。

"有一个地方叫光山，司马府中井，净居寺前松，一曲红歌颂，淳厚乡间人……有一种祝福叫美好，茶香溢清三千年，多少英雄尽折服，而今当存豪情志，脱贫共饮庆功酒。"这是中共中央办公厅一位挂职干部在离开光山时赠与同样奋战在脱贫攻坚战场上的战友的一首诗。

中共中央办公厅挂职干部用实际行动践行了共产党员的初心和使命，彰显出中共中央办公厅人坚定信仰、担当作为、服务群众、无私奉献的精神风貌，他们严谨的态度、务实的作风、严格的标准为光山党员干部树立了标杆，赢得了全县干部群众广泛赞誉。

故事二："领头雁"效应

"几年前的方洼还是附近出了名的贫困村，路不通、环境差，乡亲们出门都是'晴天一身土，雨天一身泥'。"77岁的村民吴绍云说："方洼能发生这么大的变化，全靠我们村的好支部。"

2015年8月，在外创业的李信远临危受命，接过村党支部书记这根接力棒，挑起了方洼村脱贫攻坚的重担。为了建强党支部，村里2名懂经营、会管理的致富能手被充实到村"两委"，同时，通过党员积分管理、党员亮身份、村干部值班等制度，进一步拉近干群关系，村"两委"班子得到了百姓的支持与信赖。

李信远说："喊破嗓子，不如干出样子。不管干啥，党员带头就不难。"近年来，方洼村先后发展油茶种植 5000 余亩、绿茶种植 1300 亩、香菇种植基地 25 亩、藕鱼套养 500 亩，逐渐走上了"房前屋后一亩茶，一塘肥鱼一群鸭"的产业发展路。

在大苏山国家森林公园管理区李湾村，流传着这样一句顺口溜："人在茶园忙，钱在茶园长，脱贫奔小康，致富有保障。"

李湾村党支部充分发挥战斗堡垒作用，立足实际，全村发展茶园 2100 亩，户均茶园面积 3.62 亩，人均茶园面积 0.89 亩，仅茶叶一项，全村人均增收近 2000 元，同时发展油茶园约 700 亩，村集体经济年收入达 16 万元。

"群雁高飞头雁领"。自脱贫攻坚战打响以来，光山县坚持选拔、培育、管理、激励并重，培育出一批能够带领村民奔小康的"领头雁"，在全县形成了"头雁引领、群雁比翼、列队前行"的"雁阵效应"，先后有 20 名党员致富带头人当选为村党组织书记，39 名致富能力强、

方洼村党支部书记在共产党员创业示范林里劳作

带富能力强的创业成功人士、大学生创业回归人才、农村致富能手选进村级班子，新选配村"两委"成员 116 名。以政治过硬、本领高强为目标，选派 21 名村党组织书记到县直涉农部门进行为期 3 个月的挂职锻炼，选派 93 名村"两委"干部到大别山干部学院培训，并对 360 个村（社区）党组织书记进行了全员轮训，打造出一支来源广泛、素质优良、群众欢迎、储备充足的村党组织带头人队伍，为高质量打赢脱贫攻坚战，全面实施乡村振兴战略提供了坚实的组织保障。

故事三："藏头诗"话鱼水情

"淘尽苦心为农民，满山遍野田间行。希望周湾更美好，愿把青春献农村。"这是光山县罗陈乡周湾村第一书记陶曼晞在离开周湾的前夕，村民周谋领写给她的一首藏头诗。

时光回到 2015 年 8 月 27 日，陶曼晞第一次走进周湾村村委会办公室，在村"两委"班子开场白说道："迈进这个门，就是咱村的人。"

随后，陶曼晞走遍周湾每个村民组，慢慢地和村民成为一家人。在田间地头，她与乡亲们一起卷起裤腿弯腰劳作；在暮色炊烟下，她与乡亲们坐在村口家长里短、敞怀欢笑。经过与群众座谈、调研，她在周湾实施了水稻、油茶、蚕桑、水产和蔬菜种植等产业项目，并相继举行蚕桑、"籼改粳""泥质法"育秧等培训 10 余次，参加培训人员 1000 余人次。

在陶曼晞的倡导下，周湾村开发了 125 亩桑园。白天她顶着烈日上山察看桑叶的长势，晚上还要摸黑到村民家中了解蚕的养殖情况。乡亲们去卖蚕茧，她一路跟着，就怕卖不上好价钱。养完一季蚕，她还要忙着帮大家整理器具，赶紧准备下一季的养殖。陶曼晞说："种桑养蚕每亩荒地一年的收益为 4000 元。我们已经帮村民联系好了蚕茧的收购商，一公斤蚕茧最低价格 36 块钱。村里大部分贫困老人，都能靠养蚕脱贫。"村民张传福 2015 年在外打工时伤了一条胳膊，两

陶曼晞邀请农技专家为罗陈乡周湾村农业"把脉开方"

个孩子上初中，生活艰难。他 2016 年回到村里，陶曼晞动员他养蚕。"现在一年可以卖三季，算一算，一年可以挣到近 2 万块钱呢。"指着面前的蚕席，张传福兴奋地说。

陶曼晞在担任周湾村第一书记期间，和村民一起开山种油茶，现在村里 200 多亩油茶早已郁郁葱葱。她说："油茶盛果期可以持续 70 年以上，我们把油茶培育好，再交给群众管理，这样'人走了，茶也不会凉'。"

从省科技厅里到周湾村里，从办公室到田间地头，陶曼晞完全融入周湾，演绎着同样精彩的故事。在信阳市驻村第一书记工作总结表彰会上，陶曼晞深情地说："周湾村是我心灵再出发的起点，我的心一直牵挂着周湾 2962 名村民、6.4 平方公里的土地，我要继续为她尽我的绵薄之力。"

田间地头话脱贫

故事四：挂职不"空挂"

在光山县的帮扶队伍中，有 35 位来自信阳市的挂职干部，其中，到乡镇挂职担任副书记的 20 名，驻村第一书记 15 名。他们不把自己当"摆设"，不搞"度假"式的表面文章，而是以光山为家，拿出"绣花"功夫，奋战在脱贫攻坚一线，给光山带来了好作风、好标杆、好示范。信阳市工商局驻光山县罗陈乡坪塘村第一书记赖自力就是他们中的一个缩影。

2015 年 8 月 26 日，组织选派赖自力到罗陈乡坪塘村担任驻村第一书记，挂职扶贫结束后仍然申请留任至今。"我在罗陈乡工作了十多年，也没有老赖与老百姓走得近，坪塘的群众没有不说他好的。"这是罗陈乡党委书记对赖自力的称赞。

驻村以来，赖自力走访群众 3000 余人次，组织召开群众代表会议近 40 次，与全村群众建立了深厚的乡土情缘。村民有事深更半夜打电话，赖自力立马会赶到村民家中。群众到乡里办事或从集镇返家

信罗陈乡坪塘村第一书记赖自力同种粮大户商讨农业生产

途中，只要遇到了，赖自力都会开车把他们送到家或要去的地方。五保户洪满楼病危时，赖自力亲自把他送到县医院及时就诊。村民齐纪勇家境贫寒，生育了4个孩子，其中有1个重度智障，过去村里没有将其纳入贫困户对象，他家也没有享受低保户待遇。赖自力了解情况后，积极帮助齐纪勇的智障孩子办理残疾鉴定，并成功申报领取到了残疾人补贴。村民张传喜说："赖书记来了，我的低保也拿掉了，但村里办事公平了，我们服气。"一件件惠民实事，让坪塘村的干部群众无不由衷地把他当成贴心人。村民在他走村串户回来太晚的时候，端来了鸡蛋面，冬天见他的椅子没有坐垫的时候，送来了毛线垫……信阳市委原常委、常务副市长李湘豫到坪塘村检查工作时，赞许地对光山县委组织部长说："全市的第一书记如果要都像赖自力这样了解村情民意，市委也就放心了，要让这样的同志多上台讲讲。"

故事五："第一书记"接力跑

"在第一任王霆伟书记的帮扶下，我脱了贫，还办起了家庭农场；

聚光灯下的杨长太（右六）

东岳村的四任第一书记（从左至右）：第三任贾巍、第一任王霆伟、第二任张煜、第四任潘英矗

第二任的张煜书记帮我的农产品申请了三品一标；第三任的贾巍书记以我的农场为龙头，成立了东岳村产业联盟和旅游发展公司，引导着大家抱团发展；现在，眼看着我的四方景家庭农场发展壮大了，帮扶单位中原出版传媒集团又派来了搞电商的潘书记，现在我们村的农产品线上线下同时卖，火爆得很！"每每有人问起杨长太的致富之道，老杨总不忘"抬出"东岳村的四任第一书记。

打赢脱贫攻坚战、推动乡村振兴，需要更多像杨长太一样"有志有智"的返乡能人。但这些"潜力股"还需拥有"伯乐"慧眼的各级党员干部来精准挖掘和帮扶。在一任任第一书记的接力帮扶下，杨长太的生活美了，东岳村百姓的日子富了。

故事六：陈明炳有个"小康约定"

"穷山沟、荒坡地，有女莫嫁王湾儿去"，是凉亭乡王湾村村民的

凉亭乡新时代文明实践站

凉亭乡王湾村党群服务中心

顺口溜。榨湾组贫困户陈煊厚的妻子和 1 个孩子都有严重残疾，全家 4 口人挤在破旧的土坯房中，每逢刮风下雨，都让村党支部书记陈明炳担惊受怕。他带头募捐，共凑了 5 万元为陈煊厚家建起了三间砖混结构房，搬进新家的时候，已过天命之年的陈煊厚拉着陈明炳的手大哭。王湾村像陈煊厚这样的家庭不止一家，这让陈明炳在心酸的同时，更坚定了要带领全村百姓真正过上好日子的决心，他和父老乡亲们约定好，2018 年一定要撕下贫困的标签。

2015 年，陈明炳组织贫困户新建茶园 2000 多亩，确保每家至少有 1 亩茶园。同时，以村集体为依托成立茶叶专业合作社，将 150 户贫困户纳入其中。同年 5 月，县扶贫办投资 60 万元在王湾村实施到户增收项目，他提议将这 60 万元入股合作社，让 150 户贫困农户参与利润分红，然而，部分村民不同意，有的村民说："这简直是胡来，看不见的收益，哪有实实在在发几千块钱踏实？"陈明炳没有气馁，挨家挨户上门做工作，给乡亲们算细账："现在将钱投入合作社，集

王湾村一角

中管理，两三年后，每年的分红都不止这个数字。而且，大家伙儿家里有老人需要照顾，无法外出打工的，也可以在合作社做事领工资，一举多得。"

为了说服乡亲，陈明炳瞒着妻子拿出 20 万元现金投入合作社，用作茶园垦覆、茶苗购置等前期投入，并自愿将来不参与分红。这一做法，让乡亲们吃下了"定心丸"。2015 年秋，王湾村开挖荒山 300 亩，种植无性系茶树良种 180 万株。进入丰产期时，亩均将实现净利润 4000 元，年总收入 120 万元，贫困户每人可增收近 3000 元，收入可持续 20 年。这一做法，得到了中共中央办公厅中直管理局马奔局长的充分肯定，他指出："这是一个好办法，要进行推广和学习，这样能做到精准扶贫，并且达到了一个持续增收的目的。"2016 年 2 月，时任中共中央政治局委员、中央书记处书记、中央办公厅主任栗战书亲自接见了陈明炳，听取了项目情况汇报。

如今的王湾村，新修了村活动中心，建成了文化休闲广场，实现了每组至少有 1 口万方大塘，户户通上了水泥路、自来水、有线电视宽带网，建成了西湾、王中、王西 3 个美丽乡村示范点。2018 年，王湾村实现整体脱贫。该村退休教师陈丛开见证了王湾的过去与现在，用打油诗抒发他的喜悦之情："王湾过去脏乱差，猪粪垃圾臭泥巴；环境改善新气象，安全饮水流到家；山上果林摇钱树，屋后房前一亩茶；脱贫致富生活好，梦想成真乐开花。"这不仅是老教师眼里的王湾村，也是脱贫攻坚结出的丰硕果实。

故事七："田螺妈妈"像块铁

"我有一位田螺妈妈 / 我永远不知道她什么时候可以回家 / 什么时候可以休假 / 她总说有更多的工作在等着她……"

2017 年 6 月，正当光山脱贫攻坚如火如荼的时候，一封题为"我的田螺妈妈"的信刷爆信阳扶贫干部朋友圈。信中的"田螺妈妈"，

晏河乡党委书记毕雪丽（左）入户走访贫困户

是光山县晏河乡扶贫干部毕雪丽。这封信的背后，是数千名光山基层干部的影子。说到女儿的信，毕雪丽很无奈：因为忘记了女儿的生日，女儿写信称她为"田螺妈妈"。同事看了这封信后很感兴趣，发到网上，没想到自己就这样成了"网红"。"在她小时候讲过田螺姑娘的故事，说田螺姑娘总是默默把工作做好，在别人看到她的时候，隐身变成田螺。可能这个形象在孩子心中记忆深刻，所以就给我起了这么个外号吧。"毕雪丽说。

"上面千条线，下面一根针。"没有乡镇基层工作经历的人永远体会不了乡镇干部的苦和累。因为乡村脱贫攻坚工作繁忙，毕雪丽基本每半个月回一次家。随着脱贫工作进入攻坚阶段，毕雪丽更无暇顾及上高中的女儿。即使回家，也常常是夜深，孩子已经睡了，她只能帮她洗好衣服，早起准备好早餐，又匆匆离开。因为就这一个女儿，以前对她照顾较多，扶贫后对她的关心少一些，肯定有些不适应。为了得到孩子的理解，每年女儿放假时，毕雪丽都让她坐公交车来到自己所在乡镇，观察体验几天妈妈的工作。"我想让她明白，工作对妈妈意味着价值和责任，脱贫攻坚对妈妈意味着使命和担当。"毕雪丽说。

在光山基层扶贫工作者中间有很多"田螺妈妈""田螺爸爸"，文殊乡分管扶贫工作的副乡长戴修玲，凭着对脱贫攻坚工作的满腔热情和使命担当，用智慧和汗水引领贫困群众脱贫致富。"既然担负这项重任，就要以大局为重，对孩子的亏欠以后再弥补。"戴修玲认为，脚踏实地去做好脱贫攻坚的每一件事，既是对乡亲们最好的回报，更是对自己无悔青春的最好诠释。

为了打赢脱贫攻坚战，全县一批批基层帮扶干部奔走在扶贫路上，奔走田间地头，穿梭在河谷山间，奋战在攻坚一线，用行动践行着帮扶人的使命和担当，这些"最可爱的人"为了光山脱贫事业奋斗，也给光山的下一代树立了好的榜样。

文殊乡扶贫干部戴修玲（左）和脱贫之星杨长太（右）

故事八：程书华的"一千零一夜"

"在脱贫攻坚检查验收决胜之际，我不得不退出战场。回想 3 年来的日日夜夜，真有一百里路半九十之感，非常遗憾，只能在旁观战加油。"

2019 年 2 月 23 日晚七点半，一则似乎与工作无关的微信，让槐店乡脱贫攻坚群里炸开了锅。

短消息的主人公是槐店乡程弄村的文书兼扶贫专干程书华，时年 52 岁。自 2016 年来，程书华一心扑在脱贫攻坚第一线。在一本《槐店乡程弄村值班记录本》上，第一页就是程书华 2018 年 1 月 14 日的记录，他用工整的字迹记录当天学习全省督查巡查方案和办理农村合作医疗、激活社保卡等情况。程弄村党支部书记程茂永说："程书华在扶贫工作中就像他写的字一笔一画那样认真。"

贫困户程茂根与程书华的家相距不到 100 米，2015 年年底被确诊为胃癌中晚期，2016 年年初，程书华看到程茂根病情严重，就把

光山县槐店乡程弄村召开向程书华学习座谈会

他送到县医院，楼上楼下为他办理入院手续、出院手续和医疗补助。在程茂根病情好转后，又为他争取了一个护林护路的公益岗位，还帮助他妻子免费培训充绒技术，这两年到外地做羽绒生意，年收入达2.5 万多元，去年还装修房子娶了儿媳妇。

2018 年 11 月，程书华开始感到腹痛、腿发酸，但正值全县脱贫"摘帽"的紧要关头，他总是说"等脱贫验收后再看病"。2019 年 2 月16 日，正值村里向县、乡上报检查脱贫评估材料，这些材料全部出自程书华之手，是几个月来村干部一起战斗的成绩单，他放心不下。当他赶到村里时，发现表里的动态数据急需调整，立即坐在办公桌前工作。完成档案卡已是次日凌晨，村党支部书记发现程书华竟然疼得额头冒汗，急忙用车将他送回家，让他抓紧到医院检查。2 月 21 日，程书华被确诊为肝癌晚期。在北京医院里，程书华一直惦记着村里的工作，不禁在群中写下开头的那番话。那时，他正在医院里接受化疗。

我们的扶贫干部，他们是如此的平凡，他们又是如此的不平凡，在 1000 多个日日夜夜与全县千余名党员们一起，始终如一地践行对党和人民的庄严承诺。

故事九：一碗水饺鉴民心

2018 年 7 月 10 日，听见呼唤声，83 岁的郑玉兰老人笑呵呵地迎了出来。她两手沾满白面，还没出门就冲着走在前面的中共中央办公厅第三批驻村干部王歆博喊开了："王书记，你快帮我看看，我这柴火灶不走烟了。今天中午吃饺子，一会儿你可不能走啊！"王歆博帮老人疏通好了烟道，老人乐呵呵地下饺子。言谈间，她又托王歆博："薛书记在北京好吗？我不会打电话，你可别忘了帮我向他问问好啊。"

"薛书记"叫薛宗伟，是中共中央办公厅第二批驻村扶贫干部。郑玉兰，这位守着智障儿子、在破旧土坯房里生活了 30 多年的老太太，不管别人怎么劝，就是不愿搬新家。薛宗伟三番五次上门劝说，

寨河镇段寨村驻村工作队走访贫困户

寨河镇段寨村驻村工作队走访贫困户

老人才说出原委：听说新房都用液化气，我年纪大了不敢用，搬去新家后咋煮饭呢？薛宗伟和村支书李信远一商量，当天就找人拆掉了新房里原本建好的新式灶台，专门给老人砌了座柴火灶，老人这才搬进了新家。

"工作队到我们村来了以后，自来水通到家里了，水泥路修到门口了，电改好了，桥架通了，路灯也亮了，我很喜欢，今天是冬至，欢迎工作队上我家来吃饺子。"寨河镇段寨村脱贫户 79 岁的郭元芝高兴地说。这是县委组织部驻寨河镇段寨村工作队和村干部入户"送祝福、话脱贫、奔小康"的一个场景。寒冬腊月，外面大雪纷飞，屋内暖意融融，大家围坐在火堆旁，吃着郭元芝老人包的饺子，诉不完的干群情，聊不完的帮扶事。

在凉亭乡，全体帮扶责任人采取各种方式为贫困户送温暖，如杨河村脱贫攻坚责任组为贫困户送去新羽绒服，报安村责任组成员与贫困户共同包饺子，光明村责任组为本村大病户送去新被子、帮助其打扫卫生，毕店村责任组为五保户送去新棉被，石盘冲责任组为贫困户送油送米，等等。

第四节　特色的魅力

特色是发展力，特色是竞争力。光山县坚持以脱贫攻坚为总引领，围绕全面建设中国智慧之乡的奋斗目标，找准自己的突破口，一张蓝图绘到底，扶贫产业遍地开花，多彩田园异彩纷呈，城乡面貌日新月异，生态文明可持续发展，人民群众的幸福感不断提升，智慧之乡的独特魅力日益呈现。

故事一：支部建在产业链上

"路子找到了，就要大胆去做。"这是 2019 年 9 月 17 日习近平总

支部领、党员带，发展茶叶产业带领贫困户脱贫致富

光山县新天地合作社的共产党员创业示范基地

书记在光山考察调研时的嘱托。联兴油茶公司党支部是光山县采取"党总支（支部）+ 新型农业经营主体 + 贫困户"模式，把支部建在产业链上的一个缩影。

为充分发挥好新型主体及流动党员作用，光山县探索"将党支部建在产业链上"的党建新模式，引领打造"组织力量聚在产业链上，党员人才集在产业链上，脱贫致富汇在产业链上"三大"聚能环"，环环套牢光山县"多彩田园产业扶贫示范工程"产业链发展。积极创新开展"建组织、树旗帜、亮身份、加油干"活动，在有条件的新型经营主体建立党组织，建立新型农业经营主体党组织 41 个，产业联合党总支 4 个、独立党支部 46 个、重点项目临时党支部 24 个，将产业发展与贫困群众增收紧密联系在一起。选派 600 多名科技特派员、拔尖人才和专业技术人才汇聚多彩田园产业扶贫一线，为稳定脱贫提供智力支撑。截至 2019 年 6 月，全县发展稻虾共作综合种养面积 6 万多亩、茶园 8000 多亩、油茶 2.7 万多亩、小杂果 1 万亩、中药材

3500 亩、特色苗木花卉 4100 亩、食用菌大棚 1000 亩。

如今，光山县发展多彩田园产业扶贫示范工程 631 个，累计带动贫困户 32419 户次增收，推动形成每个乡镇（街区）2—3 个重点产业、每个村 1—2 个重点产业的"一乡一业、一村一品"的产业布局，广大群众在致富路上越走越宽。

故事二：老区干群一声吼

光山作为中共中央办公厅定点帮扶县，中共中央办公厅和省委、市委格外关心、关注、支持，对光山寄予厚望。2017 年 11 月 10 日，河南省委秘书长穆为民到光山调研，提出光山脱贫攻坚要实现在全省"创一流　走前列"目标。2017 年 11 月 15 日上午，在全县脱贫攻坚"创一流　走前列"工作动员会上，全县 1100 多名扶贫干部庄严宣誓，认真落实脱贫责任，坚定必胜信心，以决战决胜之势高标准高质量打

2017 年 11 月 15 日，光山县脱贫攻坚誓师大会暨县委农村工作会议召开

光山县脱贫攻坚决战 50 天 "创一流 走前列"活动现场

赢一场脱贫攻坚战。

　　光山脱贫攻坚"创一流 走前列"号令发出之后，全县各级干部、7000 多名帮扶责任人，以"思想走在前列、标准走在前列、作风走在前列、效果走在前列"的"四个走在前列"的要求，以积极有为、扎实尽责的工作姿态拼搏在脱贫攻坚工作一线。2017 年 11 月 20 日下午，县林业局组织近 20 名志愿者到殷棚乡青龙村为生活自理能力差、五保孤寡老人等打扫房前屋后及室内卫生，确保"五净一规范"，共创干净整洁文明村院。贫困户王全胜中年丧子，儿媳改嫁，老伴患有慢性病，还有三个孙子孙女，一家五口相依为命。志愿者们刚走到王全胜家门口，王全胜的老伴就迎出来了，对志愿者来帮助他们打扫卫生感到非常不好意思，志愿者们热情地拉着她的手告诉她，不用客气，家里有啥活儿尽管说。低保户吴祖根 2017 年年初丧妻，家中破败不堪，与三个子女挤在一张小床上，得知这一情况后，志愿者丁广珠当场掏出 200 元给吴祖根女儿置买床铺被褥。志愿者们不怕脏不怕累，每到一家就撸起袖子拿起扫帚抹布打扫卫生，贫困户们受到感染也主动收拾起自己的庭院。

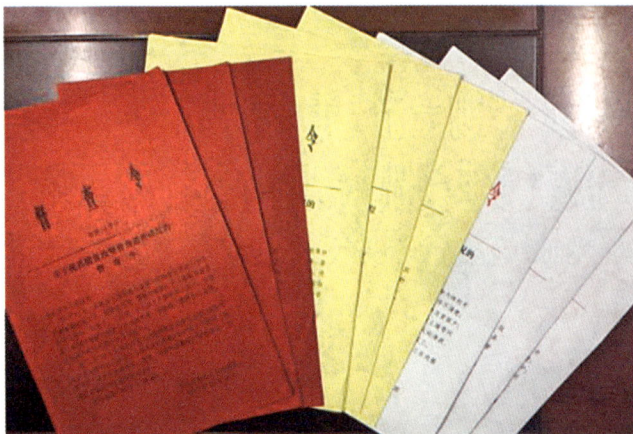
脱贫攻坚三色督查令

光山县各部门紧紧围绕脱贫攻坚"创一流 走前列"工作目标任务，围绕工作中存在的突出问题，召开工作推进会、现场办公会，深入一线、深入基层，认真查找问题，坚持更高标准、更严要求，全面深入抓好问题整改。制定了《光山县脱贫攻坚决战 50 天期间作风纪律"两条禁令"》，即严禁擅离职守、严禁饮酒，持续保持强督查、严问责的高压态势。全县督查巡查、行业扶贫、扶贫先扶志、作风督查、定点帮扶、人居环境六个专项督查组，坚持每天对各乡镇、村进行不间断督促检查。实行白色、黄色、红色"三色督查令"制度，共发出 60 张督查令，其中红色督查令 7 张。全县共问责 233 人，其中党政纪律处分 22 人，免职 9 人，免职带责工作 2 人，诫勉谈话 96 人，约谈 98 人，责令书面检查 6 人。

同时，建立脱贫攻坚定期考核评分制度，实行考核评比与督查巡查信息共享。每周通报一次各乡镇（街区）和行业部门排名。每月向市委组织部和市纪委上报一次县处级领导干部包乡镇（街区）和行业部门的排名情况。评比考核结果与财政资金使用、干部任用奖惩挂钩，奖优罚劣。由县委组织部拿出干部任用具体方案，树立正确用人导向，坚持在脱贫攻坚一线考察识别干部。对在脱贫攻坚一线表现突出的扶贫干部、驻村第一书记、帮扶责任人优先提拔重用，全县 106 个贫困村派驻第一书记 141 名，其中县派第一书记 91 人，已提拔 45 人，提拔比例近 50%。本着重实绩、鼓干劲的原则，提拔乡镇正科级领导干部 6 人，重用科级干部 11 人。

通过"创一流 走前列"活动的开展，光山县各级干部工作作风得到根本性转变，干群关系更加和谐，贫困群众的生产生活质量大幅提升，人民幸福指数全线飘红。

故事三："买卖全球"——鼠标

眼见为实——站在智能设备前轻点鼠标，不用脱衣服就能试穿服装；如果没有成品，再点鼠标还可以自创新款定制。假如说，眼前这一幕在智利、澳大利亚等国家的客户同样能够享受得到，你会相信这样的"玩法"吗？

这个真的可以有：2017 年 3 月 24 日，在光山县电子商务创业孵化园就上演了一场这样的"真人秀"，引得参加"2017 年网络扶贫暨光山县网络扶贫阶段性成果发布会"的成员啧啧称赞。

互联网是近 30 年来人类最伟大的技术与应用创新之一，脱贫攻

光山县跨境电商创客中心。徐大迟摄

光山羽绒企业"寒羽尚"新品发布会

坚是近 30 年来最艰巨的社会与国家战役。当最伟大的创新与最艰巨的战役结合在一起，网络扶贫带来了世纪性的奇迹，光山县电商扶贫的阶段性成果就是这样的范例。

如今光山县已成为全国著名的羽绒材料集散地、羽绒服装加工基地和羽绒制品销售中心。全县每年秋冬季约有 1.2 万户外出从事羽绒服装现场定制，约 20 万人直接或间接从事羽绒服装及关联产业，平均每户现场定制户纯利润在 12 万元以上。

根据"一带一路"发展战略和实施跨境电商发展战略，光山县自 2017 年 5 月起组织举办首期跨境电商培训班开始，已举办跨境电商培训班 4 期，培训人员 200 人次，组织专业团队，组建跨境电商团队，利用速卖通平台，将光山羽绒服卖到阿根廷、智利、澳大利亚和俄罗斯等 120 多个国家和地区，实现了"卖全球"和"一季卖变四季卖"，跨境电商年销售额逾 500 万美元，使贫困人口脱贫的渠道更宽广。

故事四：平野油菜光山独秀

2016 年 2 月 20 日至 21 日，时任中共中央政治局委员、中央书记处书记、中央办公厅主任栗战书到光山县考察指导脱贫攻坚工作。根据栗战书在文殊乡调研提出的"房前屋后一亩茶、一塘肥鱼一群鸭"的要求，结合中央 2017 年 1 号文件中提出建设田园综合体要求，光山县在中共中央办公厅挂职干部的帮助下，积极探索产业脱贫模式，提出了多彩田园产业扶贫示范工程的工作思路。其主要目标是，立足光山实际，遵循市场规律，按照宜种则种、宜养则养的基本思路，大力发展绿色茶叶油茶、金色水稻、黄色油菜、多色苗木花卉种植，大力发展光山特色农副产品，推进产业发展与贫困户增收的有效对接。

晏河许洼村的千亩芍药花基地

结合现有农业产业发展基础，以推动现有产业壮大发展、激发农村经济活力为切入点，以增强产业带贫能力、拓宽贫困群众稳定增收渠道为目标，以助推企业（合作社）扩大经营规模、延伸产业链、做大做强传统优势产业为抓手，以建设乡村小微型产业聚集的多彩田园为载体，激发和调动乡级层面统筹作用，发掘和释放村级产业发展潜力，努力达到"三个全覆盖"。2017 年 8 月，多彩田园产业扶贫的整体框架正式形成。

光山县多彩田园产业扶贫示范工程推出以后，当年实现了对全县 106 个贫困村全覆盖，从事多彩田园产业的贫困户达到全县贫困户总数的 40%。截至目前，光山县累计发展带动 5 户以上贫困户增收的多彩田园产业扶贫示范工程 647 个，带动贫困户 35951 户（次）增收，同时引导近 7000 户有劳动能力的贫困人口依靠自身力量发展多彩田园产业增收，实现了产业帮扶措施对贫困户的全覆盖。多彩田园产业扶贫项目入选全国脱贫攻坚优秀案例。

"我们现在看到的是位于河南光山县仙居乡的万亩油菜花田，眼下正是油菜花的盛花期，从空中俯瞰，绿色的田野里犹如铺上了一层金黄色的地毯……"这是 2019 年 3 月 30 日，中央电视台新闻频道直播仙居乡万亩油菜花海时的场景。"梯田油菜去婺源，平野油菜来光山！"央视新闻联播、新闻频道直播间对仙居的万亩油菜花观赏进行了直播和报道，这里的万亩油菜花海已被央视连续 3 次推荐为春游胜地。

"绿水青山就是金山银山"。光山四方植物油有限公司以油脂加工为龙头，近年来在全县 4 个乡镇建立了双低油菜、油茶、优质水稻和芡实生产基地，总面积达 3 万余亩，加工生产菜籽油、山茶油、稻米油、花生芝麻调和油等 8 大类 24 个品种，年产值近 2 亿元。2019 年春，光山县四方植物油有限公司在独山油菜基地种植油菜 3000 余亩，带动周边贫困人口参与务工，户均增收接近 2000 余元。环独山连片万亩油菜基地已经成为仙居乡乃至光山县最具特色、最受关注、最具

仙居国家农业公园

光山县多彩田园成果展销会

效益的扶贫产业，也是光山县多彩田园产业扶贫的鲜明特色。每当万亩油菜盛开季节，每天游人达 5000 人以上，油菜产业产值收益可达 1000 万元以上。

美丽的多彩田园两端，一头连着乡村的美丽和活力，一头连着乡村产业发展和提升，维系着贫困群众的脱贫致富，承载着乡村振兴的时代引擎。在乡村经济发展的新格局下，多彩田园已经成为乡村振兴的最美风景。

故事五："光山十宝"惊艳全球

砖桥月饼产于光山县砖桥镇，自清代就开始享誉盛名，是河南省非物质文化遗产。砖桥月饼历经百年洗礼，始终坚持传统手艺制作，馅料简单健康，口味酥脆爽口、香甜不腻，是光山人舌尖上挥之不去的家乡记忆。开国将军尤太忠，一生戎马，最难忘的就是过节能吃上家乡的月饼。我国著名海洋学家、中科院院士文圣常更有"月悬故乡

2020 年，光山砖桥月饼上市销售推介会

王世绵　　杨长太　　徐良新　　金维诗　　周家喜

脱 贫 之 星

余恩富　　涂传香　　徐开福　　马力　　卢志友

光山"十宝"

天，饼释游子念"的感慨。

长期以来，砖桥月饼虽深受光山人民的喜爱，但受地理与交通等原因影响，一直未能走出本土。近年来，光山县以电商助推产业发展，具有百年老字号的砖桥月饼牵手"互联网＋"，拉动产品线上线下销售，产值5年增长10倍，销售额突破2000万元，成了炙手可热、供不应求的网红商品，更是当地群众脱贫增收的重要渠道。

光山县山水风光秀美，生态环境优越，民俗风情浓郁，是传统的鱼米之乡。作为农业大县，这里的农副产品种类齐全、丰富多样、特色鲜明，除了砖桥月饼，还有不少传承文化、承载记忆的传统食品。为解决农产品存在的小、散、知名度不高等共性问题，光山县将砖桥月饼、鸡公潭糍粑、黑猪腊肉、咸麻鸭蛋、青虾、茶油、油挂面、甜米酒、红薯粉条和"观五玫"鲜桃这10款当地特色农产品打造出"光山十宝"商标，进一步增加品牌辨识度，提升产品竞争力。通过在北京、广州、上海、南京、郑州等地开设线下店铺，与大型连锁超市对接，进入商超。在阿里、京东、今日头条、拼多多、有赞、微店等开设线上店铺，以砖桥月饼为代表的"光山十宝"，出村、进城、上网，正式走出农家，走向全国、全世界。

故事六：清华北大爱上智慧之乡

7月，是高考成绩出炉的时候。也因为高考，光山的七月总是伴随着浓浓的欢庆氛围。每到这个时候，不只是考生和家长们，全县人民都会默默关注官方消息何时发布。当然，好消息从未爽约，每当喜报传来时，全县上下欢天喜地，人人都带着"智慧之乡光山人"的喜气和骄傲，连说话的嗓门也会大了不少。

据统计，自恢复高考以来，光山已有200余名优秀学子成功考入清华大学和北京大学，走进中国最顶尖的两座高等学府。特别是近年来光山考取清华北大的学生人数，更是呈现骄人增长。2010年以来，全县共有47228名学子（本科）被高等院校录取，135名学子走进清华、北大、港大等世界一流高校，其中2014年14人、2015年15人、2016年12人（囊括全市文理科双状元），2017年25人、2018年13

光山二高全体师生喜迎国庆

"清华大学 2019 年优质生源中学"授牌仪式

斛山乡优秀学子陆彬 2020 年被清华大学录取。

人（摘取全市文理科双状元），2019 年 14 人、2020 年 10 人，实现了清华、北大录取人数在全市县区"十二连冠"；共有 39 人被招录为空军海军飞行学员。光山的教育质量始终领跑全市。2016 年 3 月，光山二高跻身北大清华认定名校榜单。先后被清华大学授予"2017 年基地""2018 年优质生源中学"，被北京大学授予"2018 年招生工作示范中学"。

光山教育的高质量发展，不仅得益于先贤精神的良好传承，更离不开光山县委、县政府高度重视，离不开光山教育人的接续奋斗。精准扶贫以来，光山全面落实教育资助政策，全面改善贫困地区办学条件，确保贫困家庭学生没有一个孩子因贫困而上不起学，基本实现全县义务教育阶段中小学宽带网络、计算机教室、班级多媒体设备、数字教材教学资源 9 人以上学校全覆盖，教育高质量发展的基础更加坚实。2019 年中招考试，全县考生人均总分持续位居全市领跑方队，人均总分达 432.58 分；高分层人数以绝对优势位居全市第一，600 分以上 992 人，占全市 3438 人的三分之一。

如今，每年的高考捷报已是历年"光山十大喜事"的保留节目，光山教育更成为"中国智慧之乡"最耀眼的名片。

第4章

光山力量
——唤起工农千百万

我一直强调扶贫既要扶智，又要扶志，一个是智慧，一个是志气，不光是输血，还要建立造血机制，脱贫后生活还要不断芝麻开花节节高。

——2019年9月17日，习近平在光山县文殊乡东岳村考察当地脱贫攻坚工作成效和中共中央办公厅在光山县扶贫工作情况时的讲话

力量的形式就是作用的影响，力量形成就是环境的影响作用形成。力量是拔掉"穷根"的源泉，力量是打赢脱贫攻坚战的保障。

如何实现精准发力，汇聚起脱贫攻坚的磅礴力量？光山县用足内力，善借外力，凝聚合力，激发活力，凝聚方方面面力量，举全社会之力参与脱贫攻坚，形成了精准扶贫、精准脱贫的强大动力，构建专项扶贫、行业扶贫和社会扶贫"三位一体"的大扶贫格局，筑牢横向到边、纵向到底的大扶贫网络：从中共中央办公厅到省直、市直部

光山县文殊乡方洼村田园风光

门，从企业家到农村带头人，形成了人人皆愿为、人人皆可为、人人皆能为的光山力量。

第一节　不竭的内力

扶贫先扶志，扶贫必扶智。光山县持续激发贫困群众内生动力，采取"志智双扶"模式，让贫困群众用自己的辛勤劳动来实现脱贫致富，树立"只要有信心，黄土变成金"的意识，构建稳定、可持续脱贫机制，发挥群众脱贫的积极性、主动性和创造性，从"要我脱贫"转向"我要脱贫"，激励和引导贫困群众靠奋斗改变命运，营造勤劳致富、光荣脱贫的浓厚氛围。

光山县建立新时代文明实践中心和志愿服务中心，不断激发贫困群众的内生动力

故事一："七姓楼"成了"齐心楼"

在泼陂河镇黄大塘村，有一个由 7 姓人家组成的孙楼村民组。这个村民组将中国互帮互助、相互提携的民风文化传承，谱写成新时代乡愁文化的锦绣篇章。

孙楼村民组有 29 户 152 人，共有黄、徐、周、李、汪、姚、钟 7 个姓氏。这里原本没有村落，新中国成立前是孙姓大地主的炮楼，因逃荒而来的 7 户讨饭人家在此筑灶做饭，大家互帮互助，又得到周边村民的庇护和扶持，遂萌发在此定居的念头，逐渐形成一个村民组。

就是这样一个小村落，7 个姓氏却亲如一家。过去的孙楼人，家住寒舍，缺吃少穿，一年当中有半年需借粮度日。改革开放后，村里的年轻人纷纷走出家门，外出务工。日子好了，孙楼人骨子里不屈不挠的拼劲和团结互助、邻里和睦的优良传统迅速爆发。为此，7 个姓氏共同筹资，建成了光山县首个由村民组筹划建立的新时代文明实践站寓所。该寓所原名为"七姓楼"，因 7 个姓氏一家亲，周围群众亲切称之为"齐心楼"。

2018 年腊月二十九，该组村民在"齐心楼"集体过大年，团圆饭摆了 20 多桌。这一天，无论在何地发展的村民

泼陂河镇黄大塘村"齐心楼"

泼陂河镇黄大塘村孙楼村民组全貌

都自觉回来，他们自买食材、自己掌勺。大家在一起做饭，拉家常，谈生意，议发展，其乐融融。饭后，还举办了自己的"春晚"。

不是兄弟，却情同手足。1995年，村民周道全第一个外出务工，现在有10多人同他一起在杭州抱团发展，每年为孙楼带回资金近百万元。为了共同富裕，孙楼还成立了红太阳合作社，社员年收入近万元。"像石榴籽一样"的孙楼人，成为人们津津乐道的美谈。

不是一家，却家风一致。凡有红白之事都在"齐心楼"办理，只有往来没有"礼"；每次过大年的团圆饭，都是由在校的学生主动帮厨。如今，孙楼户户都住上农家别墅，一排排房屋错落有序，周边水塘碧波荡漾，杨柳依依，广场、绿化带和路灯景观融为一体，家家门前有分类垃圾桶，在全县率先建成雨污分离排放系统，成为远近闻名的小康样本。

故事二：村村响起"大喇叭"

每天清晨，伴着 16 个村民组大喇叭播放的《我爱你，光山》《共同奔小康》等歌曲，仙居乡张湾村的村民又开始了一天的劳作，孩子们在欢快的旋律中走向学校，大人们在聆听政策中步入田野。如今，大喇叭遍布光山县 360 个村（街），天天为群众传递好声音，不仅成为基层干部的好帮手，而且成为农民群众的"知心朋友"。

"以前村里要说个什么事，村干部就得挨家挨户跑，有的不在家都没法通知，有了这个大喇叭太方便了！"谈起村村响起大喇叭对生活的改变，张湾村支部书记胡定强颇有几分自豪。

光山县开通农村大喇叭广播，从传统手段上发掘新功能。"大喇叭"传播迅速、受众广泛、不分层次、成本低，一支笔、一张嘴基本上就可以工作，是农村建得起、养得起、用得方便的宣传工具。光山县充分运用这个传统传播工具，通过筹资和奖补政策，支持村里建设广播室，县委宣传部和电视台将党的十九大精神、扶贫扶志文艺节目、扶贫政策宣传知识综合制作成 30 分钟左右的宣传音频，免费发到村，由村广播室在大喇叭反复播放。同时，还经常创新宣传形式，丰富宣传内容，让村民走进广播室，畅谈优良家风，介绍致富经验，让大喇叭成为传递党和政府声音、促进社会和谐、促进农民增收的好帮手。

大喇叭架起了"连心桥"。通过大喇叭宣传脱贫攻坚政策，及时发布涉农资金补贴、扶贫资金使用、村财务收支、危房改造、五保户评选等各类信息，让群众及时了解村里大事小情，不仅密切了干群关系，凝聚了民心，而且在潜移默化中提升群众素养。据统计，光山县农村大喇叭每天有百万人次群众收听，大喇叭吹起了"先锋号"，唱响了主旋律。

农村广播室传递富民"好声音"

村里的大喇叭又响起来了

故事三："红白事"有了"硬杠杠"

在光山县紫水街道前楼村明白墙上，醒目的"村规民约""红白喜事操办标准""王氏祖训"等信息让人耳目一新。

前楼村是该街道举行"规范红白喜事 倡树文明乡风"村民承诺签名的第一村。2018 年 7 月中旬，该街道在所辖的 5 个村举行承诺签名仪式，同时对评选的"星级文明户"和"好婆婆""好媳妇"进行表彰。

按照社会主义核心价值观的要求，光山县倡导村民摒弃旧俗陋习，崇尚文明新风，共同构建和谐乡村，指导各村制定"村规民约"，根据村民自治原则制定"红白喜事操办标准"，推崇不同姓氏的好祖训、好家训、好家规。各村以"村规民约"为依据制定的"红白喜事操办标准"，由村红白喜事理事会监督执行，随时在村公示栏进行公示；村民家中有红白喜事，主动联系理事会指导。

"前段时间，我儿子结婚，提前和理事会说了一下，以前办酒席 800 元一桌，现在 200 元钱一桌，酒以前 100 多元一瓶，现在用 60 元的，烟以前是 20 元一包，现在用 10 元钱的。"说到红白理事会，晏河乡帅洼村胡贤梅感触颇深。

村理事会给胡贤梅家操办的婚宴既喜气又热闹，既节俭又风光，算下来，比原来计划节约了 8 万多元，她们家将节约下的 3 万元资助给贫困户发展茶叶生产。

目前，光山县 360 个行政村（街）全部建立了红白理事会，理事会成员全部由村里德高望重、威信较高、有组织协调能力、热心为群众服务的干部群众担任。村红白理事会机制健全，按章程开展活动，实现了有人员管事、有章程理事、有场所办事。

从 2018 年下半年至 2019 年年底，红白理事会已累计帮助全县群众操办红白事 3240 宗，为群众节约资金 9600 多万元，全县逐渐形成了"红白喜丧，勤俭节约；孝老敬老，厚养薄葬"的新风尚。

文殊乡东岳村村民踊跃签字"规范红白喜事 倡树文明乡风"

规范红白喜事承诺签名活动

故事四："红黑榜"激活力

走进砖桥镇崔棚村，村委会门前有一块"安贫可耻，致富光荣"的红黑榜，红榜上十多位村民披红戴花的照片充满喜庆，黑榜上的一位刘某因"好吃懒做"而被亮丑。像这样的红黑榜，是光山县"扶贫先扶志"的内容之一，全县每个村都有。红榜主要用于宣传扶贫扶志先进人物，表彰特别优秀的先进典型；黑榜用于曝光好吃懒做、"等靠要"思想严重以及不尊老爱亲的村民。

从农耕社会走过来的光山，小富即安、小进即满的思想比较普遍，"盐菜稀饭菀子火，除了神仙就是我"便是佐证。推进精准扶贫工作，亟待改变这种状态实践中，探索和积累出"三动"，即正面示范带动、负面公开震动、落实政策推动。让"脱贫光荣""贫困可耻"的观念内化于心、外化于行，激发群众的内生动力。

紫水街道柳店村表彰"脱贫之星"和"好婆婆""好媳妇"

十里镇脱贫攻坚先进典型暨"双星"创建表彰大会

南向店乡环山村村民丰收节载歌载舞庆丰收

马畈镇潘楼村张正龙，全家 10 口人不等不靠，耕种田地 16 亩，养猪 12 头，农闲外出务工。靠着勤劳双手脱贫致富，家庭人均年收入达 8000 元。2016 年年底，经张正龙本人主动书面申请，顺利摘掉贫困户的帽子，成为一名光荣的"脱贫之星"。

凉亭乡评选"脱贫之星"现场

类似这样的脱贫典型，在光山县扶志和扶智过程中不断涌现，同时又激起贫困群众奋起直追，如今"争当脱贫星，不当落后户"成为光山县农村新风尚。

2018 年 12 月 18 日上午，孙铁铺镇江湾村文化广场人头攒动、歌舞飞扬。光山县"扶贫先扶志"巡回宣讲暨"最美江湾人"表彰活动在此举行。一大早，江湾村的群众扶老携幼，纷纷聚集到文化广场，等着观赏县里为他们准备的精彩演出，最重要的是，还要看看他们自己推选出来的"最美江湾人"。

村里公认的"好媳妇""脱贫之星""帮扶之星"等 11 名"最美江湾人"在热烈的掌声中上台接受表彰。"脱贫之星"黄萍说："多亏了乡里村里的好干部，帮我渡过难关；多亏了党的好政策，让我有了盼头；也多亏了我自己，苦干敢干才有了今天。"发自肺腑的话语，感染了现场很多人。

"山高有攀头，路远有奔头。"光山县通过"红黑榜""先进人物示范广场"一系列做法，对有好吃懒做、"等靠要"思想严重及不尊老爱亲的落后村民产生了极大触动，有力地推动贫困群众向善向上，真正使贫困群众从"要我脱贫"变为"我要脱贫"。

故事五：花鼓戏唱出感党恩

"新中国成立七十年，咱老百姓心里好喜欢。党中央号召来扶贫，中共中央办公厅来到光山县。干部群众齐努力，撸起袖子加油干。精准扶贫像绣花，贫困乡村换新颜……"黝黑粗大的辫子欢快地舞动，发自内心的喜悦绽放了笑脸，张秀芳、方应亮夫妻二人相视一笑默契无限，一出精彩的光山花鼓戏正在文殊乡东岳村上演。

独具地方特色的光山花鼓戏，是由豫南地区民间小调、山歌、歌舞，并融合楚剧、黄梅戏唱腔，逐渐形成的独具一格的地方戏曲剧种。2004 年，光山花鼓戏被列为河南省民间文化遗产重点抢救项目，2007 年被列入第一批河南省非物质文化遗产名录，2014 年被国务院公布为第四批国家级非物质文化遗产项目。

为支持这一剧种的传承和创新，县文广旅局搭建了扶持的平台，创作新的表演节目，鼓励老艺人招收学徒，直接补贴资金帮助戏班购置服装、道具，逢年过节组织戏班到指定地点演出。现在，花鼓戏已

花鼓戏下乡巡演公益活动

经成为当地民间艺术的龙头，带动了地灯戏、皮影戏、舞狮、舞龙、旱船等地方戏和民间表演艺术的蓬勃发展。

自从摘掉了穷帽，老百姓的日子过好了，也更加注重文化生活，光山县创作了《中共中央办公厅扶贫到光山》《油茶花儿开》等新编花鼓戏，用群众喜闻乐见的形式，宣传脱贫攻坚好政策、新变化。

故事六："幸福驿站"来充电

"孝顺老人做好事，能积分还能换东西，下个月我还要挣更多分！"2018 年 11 月，光山县南向店乡环山村村民金供新拿着积分卡，到离家 2 公里的"幸福驿站"，兑换了一袋面粉和一袋洗衣粉。用积分换商品，这种不花钱就能"买"到东西的"幸福驿站"，目前在光山县乡镇已建成 36 所。

走进晏河乡付店村"幸福驿站"，宽敞明亮的店铺、干净整洁的货架、琳琅满目的商品，乍一看，与日常所见的大多数超市没什么两样，但是这里的货物都没有价格标签，取而代之的是各种积分标识牌。"幸福驿站"的墙上张贴着积分兑换流程、管理制度、工作职责、积分规则和物资筹集等制度。

群众通过获得的积分可以免费兑换等值商品。群众积分从哪里来？光山县将群众的积分与农村经济社会发展和精神文明建设相挂钩，涵盖品德荣誉类、产业发展类、公益事业类、自主脱贫类等，群众通过尊老爱幼、努力发展产

扶贫超市积分卡

殷棚乡的"幸福驿站"正式开张

业、热爱公益事业、自主脱贫来获得积分。积分由网格员、帮扶人、村"两委"干部、村民组长、红白理事会等人员组成评定。评分标准主要将政策知晓、清洁庭院、自强自立、投身公益、帮扶济困、孝善敬老、热心村务等方面表现突出的村民评选出来，给予积分奖励。

光山县多措并举破解资金瓶颈，按照社会捐赠一部分、帮扶单位募集一部分、乡村自筹一部分的方式筹措资金，保障"幸福驿站"正常运营。同时，积极动员社会各界向"幸福驿站"捐赠各类生活物资。南向店乡创办的大别山扶贫开发公司，每年从公司盈利中拿出一定资金用于"幸福驿站"运营；紫水街道办事处搭建平台吸引爱心人士捐资创建"幸福驿站"，搭建爱心人士参与乡村振兴的桥梁；十里镇发动在外成功人士踊跃捐款，配送了近 20 万元的生活物资。

"'幸福驿站'推进了乡风文明建设，体现了幸福是奋斗出来的理念，减少了矛盾，弘扬了正气。"寨河镇张胡村第一书记胡升华深有感触地说。

"幸福是奋斗出来的!""幸福驿站"在光山县农村遍地开花,实现了贫困户和普通群众的全覆盖,奏响了脱贫攻坚"创一流 走前列"最嘹亮的奋进乐章。

故事七:"流动党校"鼓实劲

"我叫从慧楠,是南向店乡一名普通扶贫干部。很荣幸有机会能代表全乡所有的扶贫人,站在这里跟大家分享我的所思所感。今天,我报告的主题是——需要,是我们坚持的理由……"

台上,演讲人生动讲述着自己在扶贫工作中的所见所闻、所思所想;台下,党员干部群众听得津津有味,不时爆发出阵阵热烈掌声。

这是光山县推动习近平新时代中国特色社会主义思想在光山落地生根、开花结果,打通宣传群众、引导群众、服务群众的"最后一公里"的重要举措。自从脱贫攻坚战打响以来,全县广大干部群众自觉投身脱贫攻坚实践,克难奋进、无私奉献,涌现出了一大批先进典型及感人事迹。光山县组织举办脱贫攻坚先进事迹巡回报告会,精心挑

光山新时代文明宣讲活动

选脱贫攻坚工作杰出代表组成报告团，到各乡镇开展脱贫攻坚先进事迹巡回报告，凝聚了人心、鼓舞了士气，营造了打赢脱贫攻坚战的强大合力。

人起心发，树起皮发。近年来，为了激发内生动力，光山县坚持"物质脱贫精神脱贫两手抓"，通过"明导向，筑阵地，树新风，激动力"，不断提升群众脱贫致富的信心，增强党员干部脱贫攻坚的决心。薄志弱行难成事，通过开展"扶贫先扶志"专项活动，采取"强化政策宣传培训、发挥典型示范引路、激发群众主动推进乡风文明建设积极性、融入学校教育实践、开展群众文化活动"等不同形式，不断激发贫困人口的内生动力，为打赢脱贫攻坚战增添源源不断的活力。

精准扶贫，志在必胜；脱贫攻坚，志在必得。为了让扶志宣传长效化、接地气、全覆盖，光山县以县委党校和十多个行业部门为主体、组建县级"流动党校"，全县各乡镇开通"百姓宣讲直通车"，村级以帮扶责任人为主体组建宣讲小分队，将扶志和扶智始终伴随着脱贫攻坚战的每一个节点，用脱贫攻坚战不断深化扶志和扶智的丰富内涵。

故事八："一只手"致富有一手

顺着一条蜿蜒的乡间小道，走过一座座青郁幽幽的茶山，便是凉亭乡石盘冲村。

茶园里57岁的村民黎同良正在采摘新茶。虽然患小儿麻痹症使得他左臂落下残疾，但他用右手采摘灵活自如，毫不逊色手脚健全的人。

2014年，因为家庭困难，黎同良成为建档立卡贫困户。县乡帮扶人组织黎同良参加茶叶制作培训班，听专家讲课，学习茶叶种植技术，又让他跟着炒茶能手学习生产茶叶。

黎同良身残志坚、自力更生，靠一只右手发展茶叶生产加工，把自家荒坡地上的7.4亩老茶园进行全面更新改造，2015年贷款买了一套旧式制茶机械。2017年，他自产鲜茶叶、收购其他贫困户鲜茶叶2.4万斤、销售干茶5000余斤，收入达10.2万元，一举脱贫，还成了全县的"脱贫之星"。2019年光山县举办"五岳湖杯"制茶大赛，黎同良获得手工茶评比二等奖。现在他带动了周围3个村民组的23户茶农、74人从事种茶卖茶，年人均增收2000元以上。

贫困户黎同良正在摊晾茶叶

幸福日子比蜜甜

近年来，光山县通过扶产、扶志、扶智，引导贫困户摒弃"等靠要"思想，学有榜样，追有目标，富有能力，实现了稳定脱贫致富。

小康不小康，关键看老乡。光山县用志气消除贫困户思想上的包袱、用智慧解除致富能力上的束缚——扶志与扶智，犹如两把"金钥匙"，释放了贫困人口脱贫致富的内生动力。

光山县通过教育培训、实例引导等方式，开阔困难群众的眼界，训练贫困群众创新创业的思维能力，整体性提高贫困群众脱贫致富的能力，变"输血式"为"造血"，2018年，光山就举办稻虾共作、

光山电子商务培训现场

电商、种植培训班 420 多期，培训 9331 人次，转移就业 48159 人，形成稳定、长效的致富机制，真正拔除"穷根"。

如今的光山，油茶、绿茶、香菇种植、养殖、乡村旅游、光伏发电等产业多点开花，农民增收渠道进一步拓宽，确保了全县全面建成小康社会"一个不能少"，共同富裕路上"一个不掉队"。

第二节　持续的外力

对脱贫攻坚来说，外力帮扶非常重要，是打赢脱贫攻坚战的"助推器"。用好外力、激发内力，才能形成合力。光山县广大扶贫干部围绕"两不愁、三保障"精准施策，精准发力，主攻脱贫攻坚重点村以及深度贫困村，不断给贫困人口"输血"，增强脱贫信心和"造血"功能。

故事一：羽绒展亮相中南海

说到光山电商，不得不提光山羽绒。光山县是全国最大的羽绒制品原材料集散地，羽绒也是光山县支柱产业，千家万户做羽绒服装是光山经济发展的一大亮点。

光山羽绒服走进阿里巴巴

光山羽绒服走进中南海

随着消费水平的提升，购买方式转型，光山县委、县政府借助互联网发展态势，提出了"电商＋扶贫＋羽绒"的产业扶贫发展新规划，实现由线下到线上销售渠道、由国内到国际市场拓展、由低端到高端产品品质、由作坊到规模化生产方式的全面转型。光山羽绒这一地域品牌在电商扶贫的带动下叫响全国，2016年仅"双十一"一天就网销羽绒服82万件。

2017年3月3日至5日，中共中央办公厅机关情系光山扶贫攻坚暨2017光山羽绒新品展活动取得圆满成功，光山县组织上海锐永设计公司以及东方心典、寒羽尚等5家生产企业加班加点，赶制设计时尚、品质一流、最具光山特色的羽绒服装参加展销。在中共中央办公厅秘书局会堂和国家档案馆礼堂两个展示厅，共展示了2017年新款羽绒服、羽绒被、羽绒抱枕等羽绒制品5000件，1000余名中直干部职工前来咨询、交流、选款、订制、购买，累计销售额30万元。通过此次活动，不仅体现了中直机关对老区人民的深切关怀，对脱贫攻坚的大力支持，还扩大了光山羽绒知名度和影响力，提升了光山羽绒品牌的自信心。

电商扶贫·光山羽绒走进阿里巴巴总部，服装展示让光山亮相世界顶尖企业舞台；中共中央办公厅施策，阿里给力，光山产业扶贫发展搭上阿里平台顺风车；品牌巡展，T台走秀，网红直播，走进阿里的10家光山羽绒企业，网店卖得爆表，现场卖得断码……

如今，光山80%的羽绒服装产品通过网络渠道，销往120余个国家和地区，"一季卖"变为"四季卖"，年销售额达70亿元。在传统产销模式中处于弱势地位、产业抗风险能力差的农副产品，也用上了电商销售模式。

故事二：央视名嘴点赞光山电商

2017年，商务部在全国推行电子商务产业，光山县作为第一个吃螃蟹的人，被评为"全国电商十佳县"。2017年10月31日，艳阳高照，央视名嘴水均益来到光山县，在孙铁铺镇郑堂村亲自当起了送货员。

水均益听说郑堂村的村小二邹金津，做得非常不错，是当地的"明星村小二"，决定去她的村淘看看。正巧碰上村淘帮村民在网上买的洗衣机到货了，水均益便和邹金津一起骑着三轮车给村民送货。

央视名嘴水均益和邹金津骑着三轮去送货

下午，水均益来到司马光广场多彩田园成果展销会现场，人群熙攘热闹非凡，各式各样的农产品，各乡各镇的合作社电商团队都来参加。信阳毛尖、光山麻鸭、光山麻鸭蛋、油条挂面、月饼、米酒、各式各样的食物免费品尝。

水均益在多彩田园成果展现场

看着广场那么多热闹的摊位，水均益也不禁想去逛逛。在金合欢展位前，水均益对光山金合欢麻鸭优质基地的光山麻鸭非常感兴趣，养殖基地负责人甘平安兴奋地对水均益说："上次小尼（尼格买提）来光山帮我们赶鸭子，把我们的光山麻鸭赶出了大山、赶出了河南，叫响了全国，效果非常好，我们的产品供不应求，现在都卖脱销了！您这次来助力脱贫大决战，我们光山麻鸭一定会沿着小潢河、通江达海、游向太平洋、游向全世界！"

通过一天的见闻，水均益对光山的特色扶贫也有了自己的感受。

无论是农户、店铺还是合作社，都是一个美好的开端，象征着光山人正在用自己的力量努力奋斗更美好的未来，每个人的脸上都洋溢着幸福的笑容。

紧张的一天时间过去了，临走时，水均益摇下车窗，给了光山人民一个大大的赞！

作为大别山区曾经的贫困县、现在的国家电子商务进农村综合示范县，在光山县电子商务进农村综合示范和电商扶贫工作领导小组牵头下，先后评选出光山十宝、光山十小宝、信阳毛尖光山茶等50款农副产品，通过电商拓宽销售渠道，打造了一批叫得响的农副产品品牌。如今，"光山十宝"系列农副产品年销售额达5.2亿元，已形成了全产业链的电商生态体系，电商从业人员逾5万！也就是说，每17个光山人，就有1人做电商。

故事三：光山菜俏京城

"光山处于南北气候过渡地带，兼有种植南北方农产品的独特优势，发展潜力巨大；北京新发地有光山籍商户1000多人，'语言的尽

北京新发地落户光山

头是音乐，情感的尽头是故乡'，市场建在光山，光山籍商户与家乡的关联性就更强了，必将产生强大的驱动力；市场扶贫、产业扶贫和消费扶贫，新发地作为国家级龙头企业责无旁贷。"这是中国农产品市场协会执行会长、北京新发地农产品批发市场董事长张玉玺，在2019年8月28日举行的光山县第四批重点项目集中开工暨北京新发地农副产品批发市场冷链物流园项目正式开工仪式上慷慨激昂的致辞。

在现场，北京新发地市场"单品大王""经营百强"客商企业代表与新发地农副产品批发市场签订市场入驻协议；北京新发地客商企业代表与光山县农业企业代表签订《产销对接协议》。新发地入驻光山，将充分发挥北京新发地市场的规模品牌优势，补齐光山县农产品流通短板，助力光山县人民快速奔上小康之路。

在很多光山人的印象中，新发地就是北京的南大门，光山通往北京的直通客运大巴就是停靠在北京新发地客运站。在北京新发地周边、大兴区、河北固安等地光山籍菜农就有3000多人，北京已经成

北京新发地与上官岗村土地租赁签约仪式

为他们的第二故乡，新发地也成为他们成长的福地。

2018 年 10 月，张玉玺带着北京新发地市场内多名蔬菜、水果经营大王前去光山县进行实地考察。其中，北京青熠来农业发展有限公司是首农、裕农、空港、百盛等大型企业的长期供货商。由于光山县的独特地理优势，种出的蔬菜富含大量膳食纤维、蛋白质、碳水化合物等营养物质，口感独到，品质上乘，从而成为首都市民餐桌上必不可少的美食，深受消费者的喜爱。

为了保障蔬菜的充足供应，并从源头上把控产品质量，青熠来董事长范保青在自己的家乡光山县投资建设了 2500 亩的生菜、西兰花种植基地，带动当地上千人就业，其中贫困户 760 人。每年的 11 月至次年的 6 月基地生产的生菜、西兰花等农产品，就一直保障着首都市场的供应。光山县最为核心的优势就是光山籍农产品经销商的人脉优势，光在北京新发地市场就有 1000 多名光山籍商户，这些商户有的已经在北京新发地经商 20 多年之久，有的已经发展成北京新发地的经营大王。

在北京新发地所有的经营商户中，如果就县域户籍来算，光山籍商户的比例是最高的。历经数年、数十年的发展，现在很多在北京的光山人有了回乡创业的打算。经过多番考察，新发地在光山投资建设分市场。目前，新发地在光山十多个乡镇（街区）已建立近 5000 亩的中草药、蔬菜等种植示范基地，更多的光山县优质安全农产品，正通过新发地市场这个农产品流通大平台，走向首都市民的餐桌。

故事四：帮扶真像"一团火"

在文殊乡猪山圈村的合作社基地里，一派繁忙的劳动场面。百余村民正在层层茶山、畦畦茶园间，起沟排水，锄草施肥。"公司成立后，我以山地入股，每年分红 8000 多元。加上我和老伴都在公司务工，全年收入 4 万多元，早就脱贫了！"猪山圈村西陈洼村民组吴绍周曾是有名的贫困户，说起诚信公司让贫困户入股脱贫，他最有发言权。"这儿以前都是荒山，我们叫它'柴禾山'，就是只能用来生火做饭的柴禾。你看，现在多漂亮，满山满坡的'摇钱树'，再过几年可不就成了'金山银山'?!"

郁郁葱葱的油茶山

行走在诚信公司的"两茶"基地里，看着整齐连绵的梯田、茶山和郁郁葱葱、果满枝头的油茶树，呼吸着雨后清新的空气，让人心旷神怡。"是'诚信'让荒山披绿装，让大伙儿脱了贫！在这儿，我们一年四季有活干，有钱赚！冬春栽栽树，开春采采茶，夏季除除草，秋天摘摘果，心里敞亮得很！"

全县社会扶贫暨百企帮百村推进工作会

2018 年 12 月 12 日，信阳市工商联"百企帮百村"精准扶贫现场观摩会在文殊乡猪山圈村召开。诚信实业有限公司总经理陈勇同全县其他几名企业家被授予全市"非公有制经济人士优秀社会主义事业建设者"称号。除此之外，全县还涌现出蓝天集团、联兴油茶、四方植物油、青龙河农机合作社、四季香茶砖厂、淮河源林药种植合作社等一大批企业先进典型。目前，全县已动员 305 家民营企业参加，覆盖全县 106 个建档立卡贫困村，总投资 186993.2 万元，流转土地 187132 亩，结对帮扶贫困户 10823 户，吸纳贫困人口就业 5816 人，提供免费技术培训 7850 人（次）。

正是这些勇于担当社会责任、提高经济效益的企业，同时也让贫困户看到了脱贫致富的希望，奔向小康之路。

故事五：司马光火车站有了"司马光专列"

"太好了！光山人家门口就能乘火车了，我们的出行将更加便

乘"司马光专列"游智慧之乡

光山司马光火车站广场

捷！"在外经商的刘先生以前乘火车都要到毗邻的潢川县或信阳市，
几番周折，非常麻烦。京九铁路光山站停办客运业务 11 年后，于
2016 年 5 月 20 日恢复办理客运业务，有 21 趟列车在光山火车站经停。

京九铁路光山站建成于 1996 年，途经光山县境内 39 公里，为段
管三等客货运站。2005 年 6 月因故关停了客运业务以后，随着光山
县经济社会的快速发展，进出光山县务工、探亲访友、旅游观光和从
事经贸活动等人员的逐年增加，光山城镇化步伐的不断加快，群众要
求恢复开通光山站客运业务的呼声日渐增高。

2015 年下半年起，在中共中央办公厅帮扶干部、市委市政府和
武汉铁路局的大力支持下，县委、县政府顺应民意，强力推进，重新
启动并开通了光山火车站恢复客运业务工作。

近年来，以"情满光山脱贫之路共建中国智慧之乡"为主题的外
出创业人员乘火车走天下欢送活动、县委、县政府为外出务工群众提
供赠票活动持续举行。每年春运时期开展"为外出务工农民工免费赠

票"活动,累计赠送火车票 1.6 万余张,既解决了农民工春运出行难问题,同时,在县委、县政府的大力提倡下,县信用社为开通客运锦上添花,为广大父老乡亲雪中送炭,开展"家门口坐火车,信用社给补贴"大型公益活动,对恢复客运前 30 天在光山火车站下车旅客给予票面价值额一定比例的奖补;县公交公司开通县城发往火车站的公交车辆,在火车站上下车旅客一律实行 1 元票价;县工商联组织了"乘司马光专列游中原智慧之乡""乘司马光专列,游井冈山革命圣地"系列活动等。通过一系列支持性活动的开展,大大提高了光山火车站的知名度,有力促进了光山县经济社会发展。

伴随着官渡河区域综合治理和"拥河发展"的深入推进,火车站片区先后建成了天赐路、天赐桥、幸福桥等一批重点项目。2019 年10 月,市委正式批复成立了光山县火车站管委会,火车站片区的区位优势正逐步显现,大美南城在"火车头效应"的带动下,迎来了全新发展的美好春天。

第三节　磅礴的合力

党的领导是根本,群众动力是基础,各方参与是合力。打赢脱贫攻坚战,需集全县之力、全民之智,只有心连心肩并肩,同频共振,才能凝聚磅礴的强大合力,才能不断攻坚克难,取得脱贫攻坚的一个又一个胜利。

故事一:干群同心"爱加奔"

"爱加奔"是"爱光山、加油干、奔小康"的简称,这一口号是光山县委书记刘勇最早提出来的,其源于光山本土人士写的两首词

县书法家协会等爱心人士为光山县斛山乡群众义务写春联

"我们共同找岗位"招聘活动现场

曲：一首是《我爱你，光山》，另一首是《共同奔向小康》。

2017年农历正月十二，元宵将至年味正浓，光山城乡沉浸在一片探亲访友的欢悦氛围中，30余名创业成功人士组成的观摩团沿着宽阔的道路，走进文殊乡金合欢林茶专业合作社、东岳村易地扶贫搬迁现场、方洼村美丽乡村建设点、光山火车站等地，看产业、看基建，体验脱贫攻坚以来的经济发展和城乡巨变。在随后召开的座谈会上，大家围坐一起，谈感受、提建议、谋发展。在这次会议上，县委书记刘勇向在座的各位正式提出"爱光山、加油干、奔小康"这一说法。自此，这一口号在光山大地迅速传开，成为激励光山人为家乡干事创业的价值导向。

"爱光山、加油干、奔小康"不是一句简单的口号。在光山脱贫攻坚进入克难攻坚的关键时期，光山县委、县政府围绕这一主题举办了近百场专题活动。2018年春节期间，非公有制经济人士、在外创业成功人士等社会各界人士积极参与"爱光山、加油干、奔小康"系列活动，专题开展了"我们共同办年货""我们共同安路灯""我们共同找岗位"等活动，为6491户贫困户、低保户和五保户办年货341.84万元；募集资金1290.66万元、安装路灯4084盏，惠及334个村民组数万名群众；有120家县内外企业参加"春风行动"招聘活动，提供就业岗位6500个，与1400名贫困群众达成了就业协议，与665名贫困群众签订了就业合同；在"我们共同迎幸福"活动中，县书法家协会为群众义务写春联，县摄影家志愿者为贫困户拍摄全家福，把浓郁的年味送到普通老百姓身边；在"我们共同迎春运"活动中，政府为光山外出务工人员出行赠票，将2200多张车票送到群众手中……

"爱加奔"入脑又入心，光山各界有钱的出钱，有智的出智，有力的出力，为光山全面高质量脱贫贡献智慧和力量。

故事二：“雁阵”归来助脱贫

在光山县，有许多返乡创业者，过去，为了打工挣钱，他们背井离乡奔向大城市，小有成就后，又一批批返回故里，投身到回乡创业、带领乡亲们共同致富的热潮中。

2017年仲春时节，凉亭乡王湾村的荒山上就传来了挖掘机的轰鸣声。外出创业人士陈功斌带着数千万巨资回到家乡，在凉亭、砖桥、白雀三个乡镇的7个行政村，流转了11000余亩坡地，成立了新天地农林专业合作社，将昔日的荒山变成了今朝的金山，带领周边200多户群众增收；北向店乡何林勇是哈工大高才生，在中铁非洲铁路建设中打拼多年，在“爱光山、加油干、奔小康”的感召下，一家五口举家回乡，创办近两千亩的稻虾共作合作社，给何店这个贫困村带来勃勃发展生机；南向店乡外出成功人士黄鑫回到家乡创立鑫磊合作社，并主动担任何畈村干部，带领全村通过种植草莓、有机蔬菜脱贫致富……

鑫磊合作社帮助贫困户代销蔬菜

十里镇返乡人士创办天丰生态园，带动群众脱贫致富

"脑瓜灵，肯吃苦，能抱团"是走南闯北的光山人留给外人的印象。凭着这一特质，光山人往往能够先于他人抓住商机。站稳脚跟后，一个捎几户、几户拉一组、一组带一村……通过传帮带，以星火燎原之势形成连片经济，从早期的制电线杆、贩茶到收废品、充绒、种菜，每一种看似普通甚至于"低下"的职业光山人都能做得风生水起，其中也出了不少千万级以上的翘楚。据统计，光山外出创业就业的高层次人才有7000余

文殊乡返乡青年发展牧业养殖带领乡亲脱贫致富

人，这些人是光山发展的重要资源和招引对象。自脱贫攻坚战打响以来，光山县出台多项优厚措施引进成功人士投资家乡建设，助力脱贫攻坚。

据县相关部门统计，仅 2019 年一年，光山县新增返乡创业人士就达 2473 人，创办市场经营主体 2266 家，实现创业带动就业 2.2 万人。光山县连续多年被授予"河南省农民工返乡创业示范县"。光山大好的发展形势和创业氛围，正吸引越来越多的鸿雁蹁跹归来，为打赢脱贫攻坚战、实现乡村振兴注入连绵不绝的活力。

故事三："我为家乡"都是歌

2019 年元宵节刚过，十里镇植树现场党旗招展、人头攒动。身着红色志愿服的干部群众扶苗挖坑、栽树盖土，整个环节分工明确、秩序井然。在他们身后，100 余株新栽种的银杏树苗迎风挺立。像这样的"红衫军"在光山随处可见。"我为家乡栽棵树"活动中，全县新建"我为家乡栽棵树"活动基地 5497 亩，累计捐款捐树（折款）近 3700 万元。挖荒整地、捐款栽树，无论是扎根故土的群众，还是回报家乡的游子，都以不同形式参与到国土绿化提速和"创森"行动中。

斛山乡张棚村举办的"我为家乡亮盏灯"主题活动中，天赐城村创业人士王德兵当场认捐 228300 元，加上前期捐赠的 30 万元，累计 528300 元，寓意"我爱光山"。现场欢声雷动。仅王德兵一人所捐款项

"我为家乡栽棵树"活动现场

"我为家乡治水塘"行动之后的水塘现状

斛山乡张棚村"我为家乡安路灯"捐款活动

便可安装路灯 163 盏，照亮全村大部分村民组的主道路。有了王德兵的带动，斛山乡迅速筹集到社会扶贫资金 110 余万元，为全乡一多半的村子点亮了指路明灯。

大苏山夏洼村民组陈先群发动村民组将近 200 人开展"我为家乡治水塘"行动，人人出资出力，很快筹到资金 18 万元，不仅把大塘整修好了，还把村民门口的道路也硬化了。

三个"我为家乡"系列活动，将外出创业人士和家乡的父老乡亲的心紧紧凝聚在一起，为乡村全面振兴发展再添动力。

故事四："巧媳妇"能顶半边天

在孙铁铺镇江湾村"巧媳妇"加工车间里内，缝纫机的轰鸣声和羽绒辅料嘶嘶啦啦的裁剪声不绝于耳，30 多台排列整齐的缝纫机后面，坐着 20 到 60 岁不等的巧媳妇儿，她们手脚轻巧、动作娴熟、分工明确，上领口的上领口、缝袖头的缝袖头……车间另一头，羽绒服成品堆积成小山。在这群巧媳妇中间，有个人格外引人注目，她对车间里的各种嘈杂声充耳不闻、飞针走线，做出来的羽绒成品竟是其他人的两倍。她叫谢玉梅，自小便双耳失聪，由于先天性缺陷，与本地一贫困痴呆青年结为夫妻，婚后育有一子。家里唯一的经济来源就是杂货店的小买卖，逢年过节时生意还略好一点，平时就没什么收入，日子过得捉襟见肘！

2015 年 8 月，"巧媳妇"工程正式进驻光山，开始了"巧媳妇 +

扶贫车间的"巧媳妇"们正在赶制羽绒服

万人脱贫行动"，给了谢玉梅及其他苦苦挣扎在贫困线上的妇女以希望。以谢玉梅这样技术娴熟的女工为例，除去请假，淡季月收入人均超过 2000 元，而在旺季可高达 4000 元以上。

据不完全统计，光山县拥有数十万名农村妇女，这些多是"三无""四有"人员：每天无奈地为儿女做饭、无聊地赋闲在家，无助地承受着困苦，而这些留守妇女又是思想稳定、责任心强、最渴望工作、最需要花钱的群体。为了发挥好这一部分群体力量，让她们成为助推光山脱贫攻坚和经济社会发展的生力军，光山在实践中探索出了"政府主导、妇联倡导、企业（能人）领办、留守妇女参与、市场化运作"的发展模式，把"巧媳妇"和羽绒、"巧媳妇"和电商充分融合，将工作坊、车间搬进农村、街道以及社区，解决了这些留守妇女方便、灵活就业，为她们实现自身价值和社会价值提供了广阔的平台。"巧媳妇"工程还培育出身残志坚的孙雅莉、"百花

"巧媳妇"工程油茶苗良种繁育嫁接培训基地

女王"周福蓉等一批创业典型。"巧媳妇"代表杨世娥参加了全国妇女十二次代表大会。这些身边的人和事，引导鼓励广大农村妇女育"巧心"、长"志气"，在乡村振兴中施展才华。

自"巧媳妇"工程在光山实施以来，光山县各类"巧媳妇"基地65处，覆盖全县各乡镇（街道），累计创造产值1.2亿元，带动4000余人在家门口就业。"既抚养了娃，又照看了妈，我们心里踏实多了！"这是光山几千名"巧媳妇"的心里话。

故事五："四胞胎"喜赢"众筹"

2014年2月24日，泼陂河镇村民韩宗玉的妻子在信阳医院产下四胞胎（1女3男）。4个孩子同时出生，让初为人父人母的农民夫妇喜悦心情没维持几天就陷入了忧愁。

韩宗玉是地地道道的农民家庭，四胞胎的降临无疑让本不宽裕的家庭更为捉襟见肘。在2014年六一儿童节前，光山县红十字会及县妇联会联系爱心企业、部分爱心人士在泼陂河镇现场义卖，将募集到的22100元悉数送到韩宗玉家以解燃眉之急，红十字会还在网上公布了慈善账号，社会各界纷纷伸出援助之手。

2015年7月7日，光山县红十字会联系爱心人士一起带着米、面及捐款去看望四胞胎，他们1岁5个月了，正蹒跚学步；2018年5月22日上午，县红十字会志愿者们，携手20多名爱心志愿者带着慰问金和慰问物品看望四胞胎

光山县红十字会志愿者、爱心人士与襁褓中的四胞胎

2019 年红会志愿者、爱心人士和已上幼儿园的四胞胎

宝宝。还没到门口，远远的就看到 4 个小孩子在门口翘首以望，一下车，小家伙们都高兴地迎了上来。大家看着 4 个小家伙在家人的悉心照料和社会大爱的呵护下成长得这么健康和快乐，都很欣喜。

"从孩子出生到现在，虽说我们遇到很多困难，但政府和社会都很关注，给了我们很多帮助，我的亲戚、乡邻都参与抚养了 4 个孩子，我很感恩，我一定会把孩子养育好，长大后好回报社会。"韩宗玉的眼眶湿润了。

如今 4 个孩子都上幼儿园了，光山县红十字会每年都会组织爱心志愿者去看望他们，让"人道、博爱、奉献"的红十字精神陪伴他们健康快乐成长。

故事六："日行一善"遍城乡

又是一年开学季，手持大学录取通知书的曾云却高兴不起来。家住砖桥镇的曾云曾有一个虽不富裕但完整的家庭，然而 2012 年，父亲因患脑溢血，落下终身残疾，母亲不堪重负离家出走。

在 2018 年的高考中，曾云以良好的成绩被省内一所本科院校录取。从接到通知书的那一刻起，曾云这个小姑娘就在为筹集学费而努力。在结对帮扶人的帮助下，曾云申请了 8000 元的生源地助学贷款。尽管享受了多项扶贫惠农政策，得到了户口所在地砖桥镇、毕业学校光山一高的倾力帮扶，可距每年 2 万多元的学费生活费用还相差甚远。正在一筹莫展之际，民间组织"爱光山，日行一善"微信群向曾召

贫困学生曾云向"爱光山，日行一善群"慈善组织赠锦旗

志、曾云父女俩伸出了援手。

"爱光山，日行一善"爱心群组建于2015年10月，是光山县各界素不相识的爱心人士自发成立的，现有成员130人。群友们每日自发在群里捐献红包，数额从1元、几元到几十元不等，由群主代为保管。

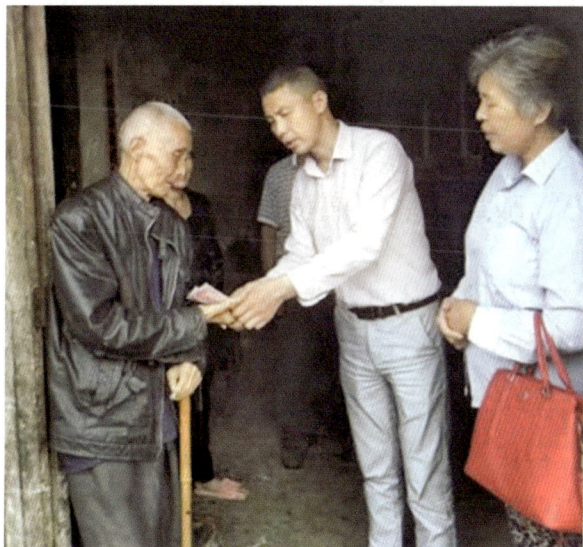

爱心人士为寨河镇孤寡老人送去善款

群主每日一统计，每月一汇总，募得资金作为扶贫济困的善款。先后帮助全县困难学生、重症病人、弱势群体70余人次。

群里的爱心人士为曾云联系到了一家企业，解决了小姑娘大学 4 年的后顾之忧。曾云父女俩感念爱心群友们的资助，在开学的前几天，父女俩特地送来锦旗，登门致谢。

在光山，像"日行一善"群这样的爱心团体很多。据不完全统计，2016 年以来，这些爱心组织共发放救助金 510.78 万元，助学、助困、助医、助残、安老扶幼 2637 人（次），为全县贫困群众顺利摘帽发挥了不可或缺的作用。

第四节 无穷的活力

"甘其食，美其服，安其居，乐其俗。"一个充满活力、和谐有序的乡村社会，是中国乡村百姓共同的生活向往与追求。扶贫先扶精气神，光山县用"文化 +"的模式拉开脱贫攻坚的序曲，内化于心，外化于心，内外相济，功到而自然成。

故事一：申请退出贫困户

2018 年 8 月，光山县南向店乡陈墩村委会收到一封申请书，本村贫困户李长春主动申请要求退出贫困户。

申请书中写道："感谢乡、村两级领导的厚爱和扶持，也感谢各位帮扶人的爱心和带领，使我稳步走出贫困之路，对党的政策充满信心和希望，特申请退出贫困户，靠自己双手去创造幸福和未来，并再次对各级领（导）和各位帮扶（人）致以衷心感谢，你们辛苦了。"

朴实的话语道出了李长春坚决要退出贫困户的心声。这是光山县开展扶贫先扶志见成效的生动体现。

李长春家中有 4 人，2017 年，在新一轮动态调整中，村里考虑到李长春一个人带着 3 个孩子生活，而且 3 个孩子又都在上学，收入低、负担重，建议其申请贫困户。经李长春本人申请、民主评议、村级公示等一系列程序，李长春成为了陈墩村建档立卡贫困户。

一年多来，村脱贫责任组、帮扶责任人多次入户宣传政策，帮助李长春出主意、想办法，鼓励他树立生活的信心，并制定了可行的帮扶计划。针对李长春有建筑专长的特点，引导他给别人做建筑防水。仅一年的时间，李长春通过务工增收了 32000 元，个人又买了一辆工具车，收入稳步提高。

李长春的退出贫困户申请书

"你想好了吗，你主动申请退出贫困户后，你的孩子享受不到教育补贴了。"村干部再次问李长春。李长春坚定地回答："我想好了，我的收入已经达到脱贫条件了，再当贫困户丢人，感谢党和政府对我的关心！"

无独有偶，斛山乡喻畈村贫困户吕庆林，主动放弃贫困生资助传佳话。今年 19 岁的吕庆林，母亲在其 3 岁时去世，父亲身体常年有病，78 岁的爷爷腰椎间盘突出导致行走困难，75 岁的奶奶还要照顾全家的生活。2016 年他们家被确定为建档立卡贫困户，村脱贫责任组为他们家确定帮扶责任人，制定帮扶措施，为吕庆林父亲吕恩炎提供了公益岗位，实施企业带贫、办理低保等措施，家里日子过得越来越红火。

人穷志不穷，吕庆林上学很努力，2017 年以优异成绩考取空军

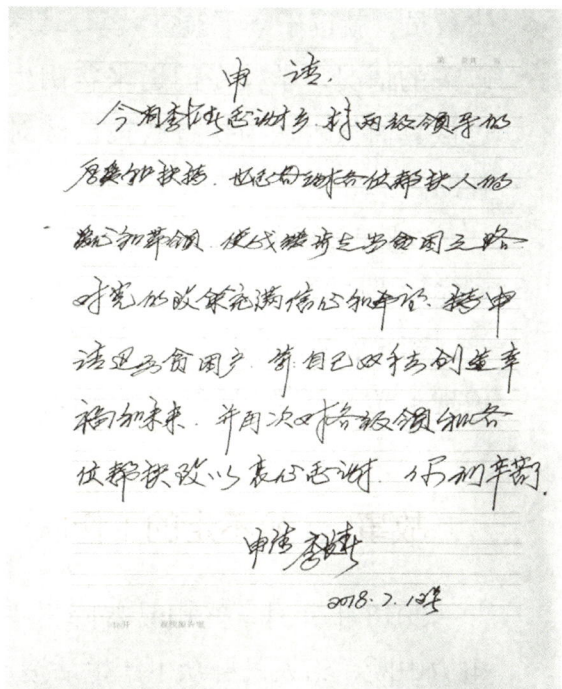

飞行员，就读于空军航空大学。针对吕庆林考取大学后应该享受相关政策的情况，学校专门送来贫困生领取补助通知单，但他们全家经过认真商量，认为扶贫政策已经对其家庭照顾很多，坚决不再去领补助。

"感谢党的好政策，我们家已经享受到这么多的优惠政策，再也不能伸手向政府要钱了！"吕庆林的爷爷吕国利说。

李长春主动申请退出贫困户，吕庆林主动放弃贫困生资助，充分展现了光山人自主脱贫的精气神。

故事二：永不走的工作队

2018年元月，光山县普降暴雪，全县道路多处受阻，部分地区电力中断，给人民群众生产生活造成不便。面对灾情，全县驻村第一书记、驻村工作队员深入一线帮助受灾群众开展生产自救，一场抗雪灾、保民生的战斗迅速打响！

驻村第一书记、驻村工作队和村"两委"干部冒着严寒，踏着积雪，步行六公里来到村民组探望五保贫困户朱从猛，并带去慰问品，帮助清理积雪，查看房屋受损情况，并为老人做了一顿热腾腾的饭菜。

脱贫攻坚战中，光

2018年元月，全县各个乡村的驻村工作队员顶风冒雪为贫困户送温暖

山县把部门单位善打硬仗的人派下去驻村帮扶，他们抓党建、兴产业、促脱贫、惠民生，建立起了与全面建成小康社会相适应的"不走的工作队"，几年下来，106 个贫困村和软弱涣散村面貌焕然一新。最初被村民们戏称为"白脸团"的方洼村第一书记徐开春独出心裁，设定每周一下午开"吐槽"大会，把干部之间、干群之间、村子发展的各种矛盾摆上桌面。症结找到了，大家彼此的嫌隙也就少了，村"两委"班子团结了。现在，不管徐开春和工作队在不在村，周一的例会是雷打不动的，只不过吐槽的少了，谈想法、说打算的多了。如今的方洼村产业兴旺、村民安居乐业。

故事三：马湾不再"麻烦"

"画廊秀两岸，渔船伴歌泛，彩虹齐飞舞，夜半人尽欢！"说的就

紫水街道马湾村的通村公路

马湾村新时代文明实践站

  是现如今光山的网红"打卡"地——光山县紫水街道马湾村。

  马湾隶属紫水街道，背靠商圈政地，南临官渡清波，就是这么一个离县城最近的村庄，曾经村组之间道路不通、自来水接不进去、路灯不亮、村内建筑杂乱无章、污水横流。干部和干部之间、干部和群众之间时有不和。

  2015年，官渡河区域综合治理拉开了序幕，马湾段除对河堤进行加固治理外，还要修建滨河北路、天赐桥和一号橡胶坝、人民医院等工程。利好的政策给马湾带来了历史性转机，马湾人心动了……

  村民张家银一家祖祖辈辈就住在马湾村。前些年，张家银创业返乡回到村里，在靠近紫水大街处开设了马湾第一家农家乐餐馆。在官渡河区域综合治理具体征地、拆迁环节，一些人却犹豫起来，认为人均只有4分地的马湾，以后靠什么生活？对此，张家银凭着多年来在外闯荡的经历却认为："4分地"与融入城市化及彻底改变马湾面貌相比，肯定是后者更胜一筹。他自己率先签订征地协议，凭着多年来在群众中的威信，积极协助村"两委"做好村民的思想工作，最终解决了一些人的思想疑虑。

当官渡河治理延伸到马湾段时，当天赐大桥飞架东西时，当人民医院地址清表时，马湾群众不再是阻挠拦截，而是主动配合迁坟、砍树、拆房、搬迁，用一杯杯热水、一条条毛巾、一张张笑脸相迎。官渡河区域综合治理3年来，没有一个马湾百姓因征地拆迁上访或无理取闹的。

故事四：唱"两首歌"读一本书

自打从县领导岗位上退下来以后，胡崇春除了游山玩水、养花种菜，剩余时间都在致力于光山历史人文的研究。在光山可考的4000余年文明史中，除了家喻户晓的"司马光砸缸"，还有鲜为人知的佛教天台宗发源地净居寺，佛法创始人慧思、智颉曾在此地结庵，传承人道岸、鉴真曾来这里参禅，一代文学巨匠苏东坡也曾在净居寺筑台读书静坐……这位老同志一直有个想法，就是把光山县的山水风光、历史人文精华写出来、唱出来，让海内外光山人找到自豪感和归属感。2016年夏，胡崇春开始着手写《我爱你，光山》。从5月6日到6月2日，中间数易其稿，6月8日交付于县三高音乐老师陈立谱曲。陈立一见词作，精神大振，配曲灵感油然而生，仅用一个星期的时间打磨，于6月14日就完成了谱曲。自此，光山有了属于自己的第一首歌。几乎在同一时刻，光山籍人士李荫保作词、陈立作曲的《共同奔小康》也横空出世。

两首歌迅速在光山传播开来，不仅党员干部唱、广大群众也唱、各行各业都在唱，全县教育系统为此还组织"教唱两首歌"活动，校长唱，教职工也唱，全县12万中小学生不仅在学校唱，还在回家的路上唱，回到家中唱，唱给父母听，唱给兄弟姐妹听，唱给亲朋好

全县共唱两首歌

友听。

"大爱这两首歌，《我爱你，光山》唱出了身为光山人的自豪感，《共同奔小康》唱出了脱贫致富的精气神，越听越好听、越唱越有劲！"

"好的作品必须是有生命力的，我希望《我爱你，光山》能传世，激励一代代光山人记住乡愁、建设家乡。"胡崇春说。

无巧不成书，2017年的清明节，时值光山脱贫攻坚战犹酣之际，军旅作家梁庆才带病回老家光山休养。在家养病的这段时间，脱贫攻坚带给光山的巨变让他有了动笔来为这个时代、为家乡写点什么的冲动。

作为随军记者，也许是见证了太多的生死，生命的长短对梁庆才来说，已不是体现人生价值的唯一或主要指数。2018年的夏天，拖着病躯，梁庆才开始了《时代答卷》的创作。

"沿京九铁路或大广高速由北向南，过了淮河，进入大别山麓，就是光山。"《时代答卷》开篇楔子的第一句话，将人们带入光山——一个国家级贫困县在脱贫攻坚战中波澜壮阔、跌宕起伏的壮丽画卷。

整整一年的时间里，为得到第一手的资料，真实还原当时的情景和心理活动，梁庆才跑遍了全县 22 个乡镇街区，十多个相关部门。采访的上百个人中，有党员干部，也有普通群众，通过一个个牵动人心的脱贫事例，从基层一线人员的迷茫求索，到与群众面对面的情感碰撞，再到干群同心聚力攻坚，梁庆才用冷静的笔触为人们一一再现。"《时代答卷》对于光山的意义不亚于一项重点工程。"有位光山县领导同志这样评价道。

2019 年 10 月 20 日，《时代答卷——来自一个国家级贫困县的脱贫攻坚报告》作品研讨会在北京中国现代文学馆举行。中国作家协会、中国报告文学学会领导、知名作家、评论家以及省市县领导同志齐聚一堂，研讨交流这部作品的时代意义。有评论家认为"时代是出卷人，光山干部群众是答卷人，全国人民是阅卷人"，这部作品让全国人民看到了光山脱贫攻坚诚意满满的时代答卷！

在这场世纪之战中，文学不能缺位，文人当然不能缺席。胡崇

《时代答卷》研讨会在北京举行

春、陈立、李荫保等词曲作家们，从中汲取灵感，创作出一首首脍炙人口的歌曲，激励干群奋勇当先；谢万柏、徐大迟等一大批摄影家们，用独特的视角典藏了扶贫历程中的瞬间感动……"在大别山，但凡人的心中都蕴藏着火种"，《时代答卷》的扉页上这样写道。作为大别山儿女，梁庆才心中有，所以鸿篇巨制《时代答卷》得以完成，广大干群心中有，所以脱贫攻坚战役得以完胜。

故事五：23 年与 32 天，干出光山"速度"

"把不可能变成可能，把可能变成美好的现实。"这句县委刘书记逢会便讲的话，成为近几年光山县经济社会大发展的生动体现。

几年前的官渡河畔，每日忍受着河水恶臭和 KTV 噪声污染的沿河居民，无论如何也想象不到有一天，在家门口便可望见"一池清水洗云天、十里画廊秀两岸"；坐地起价的"断头路""卡脖子路"上的钉子户似乎也低估了政府治理的决心，23 年都打不通，仅用 32 天就

治理前的官渡河河面

治理后的官渡河两岸

全线贯通；一环路的贯通，二环路、兴隆路的南延，星光大道的直通以及幸福大桥的推进，贯通的是道路，连接的是民心，改善的是群众的生活品质。今年80岁的甘宗兰，家里三代人在九龙中路经营包子铺70多年。她说，"打通这条30多年的'卡脖子路'，体现了政府是真正为民办事，人人心里都亮堂。"

2019年，光山县分六批集中开工重点项目81个，总投资达193.7亿元。五岳抽水蓄能电站正在建设，袁湾水库项目前期工作基本完成，全域国土综合整治项目有序推进。

奋斗者不舍昼夜，实干者步伐铿锵。2019年7月15日，中国平煤神马集团签约落户光山，投资建设新材料产业园。当年光山已谋划500万元以上项目322个，年度计划投资117亿元。"十四五"规划项目编制也已经启动，初步谋划储备项目153个，总投资720.9亿元。

2019年9月12日，在官渡河产业集聚区的三元光电产业园内，机器轰鸣，现代化流水线上，机器人正在快速装配远红外产品。作为一家高新科技企业，他们研发的远红外辐热盘、采暖设备、环保设备及产业配套的高端装备在全球领先。投资35亿元占地2000亩

光山人精气神十足

自在、幸福的光山人

的三元光电产业园区，已吸引上海高力国际公司前来合作，正在抓紧推进。

为了加快经济转型升级，全县智能化、绿色化、技术改造入库项目 29 个，累计完成投资 17.3 亿元，光山县产业集聚区已落地"四上"企业 70 家，实现主营业务收入 44 亿元，工业收入增长了 2.3%。

为了加速电商产业发展，聚力打造全国数字乡村基地示范县和数字扶贫基地示范县，光山县已在商务中心区内规划占地 270 余亩电商产业园，以科思网络科技公司为基础，聚力打造大别山地区电商培训基地、电商物流（仓储）中心、网红直播基地、数字乡村基地、保税物流园区等，力争年产值创造 3500 万元以上。如今，这里已入驻电商企业 10 家，创造就业岗位 600 余个，光山电商产业开始在信息高速路上飞奔。

以脱贫攻坚统揽经济社会发展大局，抢抓大别山革命老区振兴发展规划、乡村振兴战略、淮河生态经济带等重大政策机遇，推进拥河

位于文殊乡南王岗村的大别山乡村会客厅

夕阳下的大别山乡村会客厅

发展战略是光山县委政府既定的方针政策，沿着这一方向，光山县干部群众汇聚"爱光山、加油干、奔小康"的精神力量，向外界展现属于自己的"光速"！

故事六：光山赛"晒"光山

"国际舟钓大赛要来咱大光山啦！"2019 年 10 月上旬，"中国光山 2019 龙山湖国际舟钓大赛"的消息被光山人频频转载，尽管多数人并不懂"卡亚克、路亚"这些专业术语，但丝毫不影响对比赛的热情和关注。

2019 年 10 月 21 日至 24 日，在风景秀丽的光山县龙山湖国家湿地公园，来自亚、美、欧和大洋洲 4 大洲 13 个国

舟钓大赛上的外国选手

家的 70 名舟钓运动员一比高下，角逐 5 万美元总奖金。来自世界各地的舟钓爱好者齐聚龙山湖，一睹赛事风采。比赛当日的官方公众号阅读量很快突破 2 万 +，"点赞光山""加油光山"等留言刷屏朋友圈。中央电视台体育频道、河南电视台、河南日报等数十家新闻媒体竞相报道。光山上下再次掀起全民健身运动的热潮。

从 2017 年开始至今，光山县连续三年举办或承办了四项重大赛事活动，成为社会各界关注的焦点。2017 的"大苏山"杯龙舟赛让外界认识光山，2018 年河南光山马拉松赛让外界了解光山，2019 年 4 月举办的全国自行车公开赛让外界爱上光山，2019 年的国际舟钓大赛让外界投资光山。除了这些重大的体育比赛，近年来，围绕脱贫攻坚和乡村振兴，光山县以节赛为载体先后举办了"插秧节""采摘节""丰收节"，让人们"追赶"农时，体验农耕文化的乐趣；推出了"油菜花节""桃花节"，发展"美丽经济"带动特色旅游业发展；举办了"糍粑节""光山十宝"大赛等，让特色农产品、手工艺品大放异彩，大

2019 年全国自行车公开赛

2018 年环官渡河首届马拉松赛

司马光小镇插秧节

大提升了农产品附加值和农民收益。

月月有节会，一节一主题。年年有大赛，赛出好效应。光山县以特色办节，以节办会，以会招商，以商养民，走出了一条独具特色的长效富民之路。

糍粑节大赛现场

故事七：从"访"户到"干"家

光山县槐店乡槐店村余榜组位于光山县城南边，距离县城不到 2 公里，具有明显的区位优势，但村子又脏又乱，出行极为不便。为改变村组的脏乱状况，2011 年，槐店乡启动规划槐香园新型农村社区建设。需征用槐店村余榜组等 6 个村民组的土地，并按照河南省征地区片地价进行补偿。但在社区建设过程中，村民程某等人又认为补偿标准过低，组织人员到信阳市、到省城集体上访，要求追加补偿款。

收到信访反馈后，县、乡两级政府立即派人深入到余榜组村民家中，了解程某上访真实诉求，当得知主要是公益设施没有完善导致民

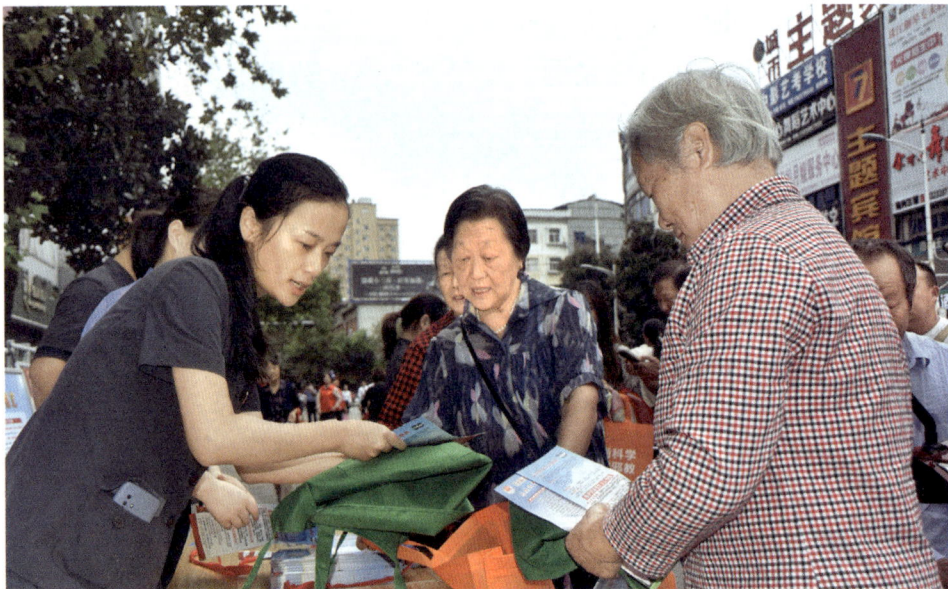

法律志愿者宣传队为市民普法

怨后，一方面，组织程某的亲朋好友对其进行政策解释和思想疏导；另一方面，立即协调有关部门为村组修建了水塘，将社区主干道进行了硬化、亮化、绿化，修砌了下水道，修建了社区文体广场，社区面貌焕然一新。村民们纷纷表示："政府能为我们做到这份上，还有啥可说呢？再告状不是不讲理嘛！"

像这样因为征地、建房等上访的事例并非个案。从 2015 年开始，伴随着脱贫攻坚战役的打响，扶贫好政策给光山老百姓带来了看得见、摸得着的实惠：天赐桥建成了、"卡脖子"路打通了、官渡河变美了，农村基础设施完善了，人居环境优美了。一对一的帮扶让干部群众有了"零距离接触"，"换位思考"使得干群关系迅速"回温"……

脱贫攻坚期间，光山县在全县范围内组织开展信访积案大攻坚活动、公众安全感和执法满意率（简称"两率"）提升工作。县委书记刘勇、县长王建平亲自坐镇指挥部，实行挂图作业，当年即化解积案 273 起。2014 年，赴京非访 54 人次，2015 年下降到 18 人次，2016 年下降到 6 人次，2018 年实现了零非访，2019 年光山县"两率"排名位居全省前列，扫黑除恶专项斗争工作全市第一，被评为"全省平安建设先进县"。

这些数字的背后体现了光山人由"访"户到"干"家的转变！

光山县五小教师李新林表示：这两年，光山城区及乡村各个路口、背街小巷都安装了摄像头，政法干警白天黑夜开展大巡逻，非常安全。这一届县委政府是真干事、干实事，我们非常满意，"爱光山、加油干，我为家乡点个赞"！

"这所有的一切，都源于光山遇上了一个千载难逢的新时代，新时代赋予光山新变化，我们只是做了应该做的。"县长王建平这样说道。

光山县"两率"排名位居全省前列

尾 声

奋力圆梦
——而今迈步从头越

全面建成小康社会、实现第一个百年奋斗目标，农村贫困人口全部脱贫是一个标志性指标。全面建成小康社会，是我们对全国人民的庄严承诺，必须实现，而且必须全面实现，没有任何讨价还价的余地。

——2015 年 11 月 27 日，习近平在中央扶贫开发工作会议上的讲话

"习总书记说'路子找到了，就要大胆去做'，我觉得我的路子就找到了！"2019年9月17日，东岳村的杨长太作为致富带头人的身份得到了习总书记的亲切接见。自己富不算富，村里人得一起奔小康！如今，以杨长太的四方景家庭农场为龙头的产业联盟将村里大大小小的农产品散户捆绑在一起抱团发展，越来越多的东岳人踏上了属于自己的人生跳板。而光山全县360个行政村以东岳村为样板，正朝着乡村振兴的康庄大道上奋力奔跑。脱贫"摘帽"不是终点，而是新的起点。2020年，中华民族将彻底摆脱绝对贫困，实现全面小康的千年梦想。

　　"光山县今年退出了贫困县序列，贫困帽子摘了，攻坚精神不能放松。追求美好生活，是永恒的主题，是永远的进行时。"习近平总书记考察光山的殷殷嘱托言犹在耳。

　　奋斗者的新时代，不驰于空想、不骛于虚声，在奔跑中奋力逐梦。光山县原定10年至15年完成的官渡河区域综合治理"路、桥、坝、点、园"等48个基础设施项目，只用了短短3年多时间完成，创下了令人惊叹的"光山速度"，惠及全县一半乡镇、60%以上人口。一个水清、岸绿、河畅、景美的滨河新城逐步呈现，满足了人民群众对美好生活的向往，助力脱贫攻坚和乡村振兴，促进了全县经济社会的快速稳定发展。

　　奋力圆梦，必须坚定政治信念，进一步树牢接续奋斗的初心使命。迈步新征程，实现全面建成小康社会的奋斗目标，光山县将始终高举习近平新时代中国特色社会主义思想伟大旗帜，深入学习宣传贯

东岳村文化中心广场群众载歌载舞迎新春

彻习近平总书记视察河南的重要讲话精神，进一步增强"四个意识"、坚定"四个自信"、做到"两个维护"，大力弘扬大别山精神，撸起袖子加油干，汇聚起全县人民改革创新、奋发有为的磅礴力量，不忘初心、牢记使命，继续在致富路上奔跑，以更强的定力、更大的决心、超常的力度接续奋斗，走向更加富裕的美好生活。

奋力圆梦，必须砥砺坚韧意志，进一步激发干事创业的责任担当。今天，光山站在新的历史起点上，正为实现中华民族伟大复兴的中国梦而拼搏，梦想越远大，奋斗也就越艰辛。"拥河发展"是生态文明的实践，更是光山人民对幸福生活的渴求，志在必成、志在必胜。奋力实现高质量发展，光山已开启"拥河发展"新征程，全面落实"绿水青山就是金山银山"的发展理念，科学实施官渡河区域生态综合治理，将光山境内的 48 公里潢河，建设成为乡村振兴示范带、新型城镇化示范带和生态文明建设示范带，统筹推进全域旅游和乡村振兴，深入实施城乡统筹发展战略，推动县域经济快速发展。"船到中流浪更急、人到半山路更陡"之时，我们巩固脱贫攻坚成果，迈步乡村振兴征程，使命更光荣、任务更艰巨、挑战更严峻，我们只有勇做追梦人，一棒接着一棒跑，一定能够迎来"放眼昆仑绝顶来"的明天。

奋力圆梦，必须坚持生态理念，进一步激活乡村振兴的创造伟力。"行百里者半九十"。巩固脱贫攻坚成果、实施乡村振兴的任务仍然十分艰巨繁重，"逆水行舟，一篙不可放缓；滴水穿石，一滴不可弃滞。"在全面建设小康社会的紧要关头，光山人民坚定必胜的信心，吹响"爱光山、加油干、奔小康"的号角，咬紧牙关、迎难而上，真

在小康路上奋力奔跑（图为光山县官渡河上的天赐桥）

抓实干，凝聚同心筑梦的精神力量，在新时代的奋斗中不断奔跑创造美好生活，把脱贫攻坚奔小康熔铸到共筑中国梦的历史征途之中，与时代共同奔跑，以奋斗的姿态逐梦圆梦，为梦想成真写下浓墨重彩的现实注脚。

"我们都在努力奔跑，我们都是追梦人。"如今，光山打响了全面建设小康社会的发令枪，干部群众在大别山精神指引下，一起拼搏、一起奋斗，一起撸起袖子加油干，呈现出一派欣欣向荣的干事创业新画卷，想干事、干成事、干好事的决心和信心高涨，以只争朝夕、时不我待、奋发有为的干事创业态度，为全面巩固脱贫攻坚成果、实施乡村振兴、决胜全面小康开好头、起好步交上完美的时代答卷，为助力中原更加出彩，奋力谱写新时代中国智慧之乡发展的新篇章。

后 记

　　脱贫攻坚是实现我们党第一个百年奋斗目标的标志性指标，是全面建成小康社会必须完成的硬任务。党的十八大以来，以习近平同志为核心的党中央把脱贫攻坚纳入"五位一体"总体布局和"四个全面"战略布局，摆到治国理政的突出位置，采取一系列具有原创性、独特性的重大举措，组织实施了人类历史上规模空前、力度最大、惠及人口最多的脱贫攻坚战。经过8年持续奋斗，现行标准下9899万农村贫困人口全部脱贫，832个贫困县全部摘帽，12.8万个贫困村全部出列，区域性整体贫困得到解决，完成了消除绝对贫困的艰巨任务，脱贫攻坚目标任务如期完成，困扰中华民族几千年的绝对贫困问题得到历史性解决，取得了令全世界刮目相看的重大胜利。

　　根据国务院扶贫办的安排，全国扶贫宣传教育中心从中西部22个省（区、市）和新疆生产建设兵团中选择河北省魏县、山西省岢岚县、内蒙古自治区科尔沁左翼后旗、吉林省镇赉县、黑龙江省望奎县、安徽省泗县、江西省石城县、河南省光山县、湖北省丹江口市、湖南省宜章县、广西壮族自治区百色市田阳区、海南省保亭县、重庆市石柱县、四川省仪陇县、四川省丹巴县、贵州省赤水市、贵州省黔西县、云南省西盟佤族自治县、云南省双江拉祜族佤族布朗族傣族自治县、西藏自治区朗县、陕西省镇安县、甘肃省成县、甘肃省平凉市崆峒区、青海省西宁市湟中区、青海省互助土族自治县、宁夏回族自治区隆德县、新疆维吾尔自治区尼勒克县、新疆维吾尔自治区泽普县、新疆生产建设兵团图木舒克市等 29 个县（市、区、旗），组织 29 个县（市、区、旗）和中国农业大学、华中科技大学、华中师范大学等高校共同编写脱贫攻坚故事，旨在记录习近平总书记关于扶贫工作的重要论述在贫困县的生动实践，29 个县（市、区、旗）是全国 832 个贫困县的缩影，一个个动人的故事和一张张生动的照片，印证着人民对美好生活的向往不断变为现实。

脱贫摘帽不是终点，而是新生活、新奋斗的起点。脱贫攻坚目标任务完成后，"三农"工作重心实现向全面推进乡村振兴的历史性转移。我们要高举习近平新时代中国特色社会主义思想伟大旗帜，紧密团结在以习近平同志为核心的党中央周围，开拓创新，奋发进取，真抓实干，巩固拓展脱贫攻坚成果，全面推进乡村振兴，以优异成绩迎接党的二十大胜利召开。

由于时间仓促，加之编写水平有限，本书难免有不少疏漏之处，敬请广大读者批评指正！

本书编写组

责任编辑：安新文
封面设计：林芝玉
版式设计：王欢欢
责任校对：余　佳

图书在版编目（CIP）数据

中国脱贫攻坚 . 光山故事 / 全国扶贫宣传教育中心 组织编写 . — 北京：
人民出版社，2022.10
（中国脱贫攻坚县域故事丛书）
ISBN 978 - 7 - 01 - 023208 - 9

I. ①中… II. ①全… III. ①扶贫－工作经验－案例－光山县 IV. ① F126

中国版本图书馆 CIP 数据核字（2021）第 042165 号

中国脱贫攻坚：光山故事
ZHONGGUO TUOPIN GONGJIAN GUANGSHAN GUSHI

全国扶贫宣传教育中心　组织编写

人民出版社 出版发行
（100706　北京市东城区隆福寺街 99 号）

北京盛通印刷股份有限公司印刷　新华书店经销

2022 年 10 月第 1 版　2022 年 10 月北京第 1 次印刷
开本：787 毫米 × 1092 毫米 1/16　印张：12.5
字数：162 千字

ISBN 978 - 7 - 01 - 023208 - 9　定价：48.00 元

邮购地址 100706　北京市东城区隆福寺街 99 号
人民东方图书销售中心　电话（010）65250042　65289539